única
única
única
única

CB080526

Editora Quatro Ventos
Avenida Pirajussara, 5171
(11) 99232-4832

Diretor executivo:
Raphael T. L. Koga

Gestão editorial:
Hanna Pedroza Carísio
Natália Ramos de Oliveira

Editora responsável:
Hanna Pedroza Carísio

Editoras:
Ana Elguy
Ana Paula Cardim

Revisoras:
Josiane Anjos
Nadyne Voi

Diagramação: Suzy Mendes
Rebeca R. C. Gobor

Capa: Tarsila Oliveira

Todos os direitos deste livro são reservados pela Editora Quatro Ventos.

Proibida a reprodução por quaisquer meios, salvo em breves citações, com indicação da fonte.

Todas as citações bíblicas e de terceiros foram adaptadas segundo o Acordo Ortográfico da Língua Portuguesa, assinado em 1990, em vigor desde janeiro de 2009.

Todo o conteúdo aqui publicado é de inteira responsabilidade da autora.

Todas as citações bíblicas foram extraídas da Nova Almeida Atualizada, salvo indicação em contrário.

Citações extraídas do site ***https://bibliaonline.com.br/naa***. Acesso em fevereiro de 2025.

1ª edição: abril 2025

Catalogação na publicação
Elaborada por Bibliotecária Janaina Ramos – CRB-8/9166

B699u

Bonato, Quézia

Única: um livro para todas as mulheres conhecerem a si mesmas à imagem do seu Criador / Quézia Bonato. – São Paulo: Quatro Ventos, 2025.

224 p.; 15 X 21 cm

ISBN 978-85-54167-95-0

1. Mulheres. 2. Cristianismo. I. Bonato, Quézia. II. Título.

CDD 248.843

Índice para catálogo sistemático
I. Mulheres

Quézia Bonato

única
única
única
única

Um livro para todas as ***mulheres*** conhecerem a si mesmas ***à imagem do seu Criador.***

Sumário

Introdução

Você também não acha curioso o fato de nos darmos conta de que ainda não estávamos vivendo o que realmente fomos criadas para viver, apenas quando semicerramos os nossos olhos e olhamos atentamente para trás? É como se, ao fazer uma pausa e refletir sobre o caminho percorrido, começássemos a perceber que aquele percurso não era exatamente o que estava destinado para nós.

Insegurança, medo, baixa autoestima, comparação, insuficiência e vergonha. **Isso soa familiar para você?** Para muitas de nós, essas sensações ainda são constantes em nossa jornada.

Bem, para mim, sim. Desde a minha adolescência, esses sentimentos acompanharam cada passo que eu dava, como sombras persistentes. Para ser sincera, sempre achei que eu teria de carregar essas características por uma vida toda, como uma bagagem pesada, cheia de autocrítica e incertezas que jamais conseguiria abandonar. Cheguei a pensar que ela fosse uma parte de quem eu era. Aquela bagagem que eu insistia em carregar comigo e que ocasionalmente me impedia de viver plenamente, de experimentar a vida, de me relacionar de maneira verdadeira com a Palavra de Deus, ser quem eu realmente sou e ser autêntica com os outros.

Mas que nada, minha amiga! Essa definitivamente não é a realidade daquilo que o Senhor tem reservado para mim nem para você! Os desafios que enfrentamos frequentemente parecem ser barreiras, mas é essencial lembrar que essas "barreiras" não determinam quem somos ou o que estamos destinadas a ser. As circunstâncias não ditam nossa identidade "porque andamos por fé, e não pelo que vemos" (2 Coríntios 5.7). Em vez de permitir que essas dificuldades nos definam, devemos buscar a verdade maior que nos é oferecida, uma verdade além das limitações impostas por nossas inseguranças (cf. João 14.6).

Já parou para pensar que muito do que acreditamos ser verdade a respeito de quem somos não passam de palavras malditas jogadas sobre nós um dia e que, inconscientemente, aceitamos quando na realidade elas não se parecem em nada com aquilo que o Senhor diz a nosso respeito? Não é raro que essas mensagens negativas internalizadas tenham chegado como pequenas sementinhas despretensiosas em forma de comentários mal-intencionados de outras pessoas, ou experiências passadas. Por isso, é de extrema importância reconhecer que essas percepções não refletem nossa verdadeira essência.

Ao fazer um exercício de olhar para trás e tentar me recordar de quando foi que passei a me sentir insegura com a minha imagem, incapaz de ser eu mesma perto de outras pessoas e assombrada pela comparação constante, encontrei algumas raízes — umas mais profundas que outras. Eu sabia que elas teriam de ser arrancadas, e que seria um processo. A jornada de autoconhecimento e cura não é fácil; ela requer coragem e um desejo sincero de encarar as verdades desconfortáveis sobre nós mesmas. Apesar disso, quando identificamos essas raízes, podemos começar a trabalhar para removê-las e substituí-las por algo mais saudável e edificante.

Graças a Deus, nesse processo, consegui encontrar caminhos que me trouxeram a *metanoia*[1] (cf. Romanos 12.2) de que eu precisava, e acabaram me levando para mais perto das verdades extraordinárias sobre mim, presentes na Palavra. Mas, calma, a transformação não aconteceu da noite para o dia; foi gradual, renovando mente e coração. Encontrei conforto e orientação nas palavras do Pai, que me ajudaram a resetar e voltar ao meu estado "original de fábrica", compreendendo, assim, o verdadeiro propósito que Deus tinha para a minha vida.

E, minha amiga... Quando decidi me desvencilhar das mentiras que carreguei como verdades por quase uma vida inteira, eu finalmente pude enxergar a beleza e a magnitude da história linda e cheia de desfrute que meu Pai já havia planejado para mim antes mesmo de eu nascer. Uma história em que inseguranças, medos e comparações não tinham mais lugar permanente, mas foram substituídos por confiança, coragem e singularidade. A realização desse propósito trouxe uma paz e uma alegria que eu nunca havia experimentado antes, pois compreendi que minha vida tinha um significado muito maior do que jamais poderia imaginar.

[1] N. E.: mudança, transformação de mente ou rota.

A boa notícia que eu tenho para te dar é que nunca é tarde demais para baixar a guarda, renunciar às armaduras, colocar os pés sobre os d'Ele e deixar que Ele te conduza, assim como um pai faz com a sua filha pequena em uma dança. Não importa em que lugar da sua jornada de descobrimento pessoal você se encontra, há sempre a possibilidade de se renovar e ser transformada! Deus está sempre pronto para nos guiar e apoiar; Ele nos oferece uma nova perspectiva e um novo começo.

Não importa em que lugar da sua jornada de descobrimento pessoal você se encontra, há sempre a possibilidade de se renovar e ser transformada!

Posso dizer que eu gostaria de ter lido esse livro quando mais nova. É aquele livro que irá te abraçar e te conduzir neste caminho de autoconhecimento à luz da Palavra, percorrendo processos de aprendizado que eu vivi, e vivo até hoje, em busca da minha melhor versão, de me apropriar diariamente de quem eu fui chamada para ser, **singular**. E talvez essa também seja a sua história. Por meio deste livro, espero compartilhar com você não apenas minhas experiências pessoais, mas também os ensinamentos que encontrei ao longo do caminho, com a esperança viva de que eles possam ser tão transformadores para você quanto foram para mim.

Pois bem, minha amiga, ache um lugar confortável, pegue seu cafezinho ou seu chá (eu sou desse time) porque, por meio dessas páginas, — cuidadosamente escritas, tão especiais e preciosas para mim —, te convido a me dar a mão, abrir o seu coração, respirar fundo, deixar para trás as mentiras que carregou até aqui e se permitir ser guiada pelas verdades da Palavra sobre sua identidade, propósito e destino. Cada capítulo foi pensado com amor, na intenção de oferecer a você uma visão renovada e encorajadora.

Meu sincero desejo é que, ao final, você não seja a mesma de quando iniciou essa leitura, mas que, ao virar cada página, possa se aproximar mais e mais de quem realmente é e do que foi criada para ser. A partir deste momento, que algo novo se inicie, uma experiência de crescimento que trará luz e clareza para as áreas que precisam de transformação em sua vida.

Capítulo um

“De tanto ouvir as **mesmas afirmações**, começamos a tomá-las como verdades, fatos indiscutíveis e imutáveis. No fim, **elas influenciam** a forma como passamos a **enxergar a nós mesmas no espelho.**”

Capítulo um

Eu acordo praticamente todos os dias por volta das seis e meia ou sete horas da manhã. Desligo o despertador, sento-me na cama por alguns instantes, ainda acordando, crio coragem para me levantar, abro as cortinas e deixo meus olhos se acostumarem à claridade. O cabelo ainda sem pentear e todo rebelde, o rosto inchado e o estômago já dando sinais de que preciso urgentemente do meu café da manhã.

Sussurro rapidamente uma oração, entregando meu dia a Deus. Finalizo sempre com o mesmo pedido, para que eu reforce a mim mesma, logo nos primeiros minutos, que sou cuidada por Ele: "Que o Senhor me direcione a viver aquilo que Você preparou hoje". Então, assim que escovo os dentes, olho-me no espelho. Lá estou eu, talvez em um dos momentos mais vulneráveis, na minha forma mais crua. E, quando vejo meu reflexo no espelho, eu simplesmente sei que sou filha amada e que estou sendo capacitada para viver mais um dia ordinário e precioso.

Em meio a esse ritual matinal, recordo-me de que fui criada pelas perfeitas mãos do Senhor, que não vacilaram ao tracejar cada característica nesse corpo que foi me dado como presente. E, nesse momento, tenho consciência de que vou viver os planos d'Ele para mim em meio a minha rotina comum. Suspiro e lembro que amo as manhãs.

Ok, mas sejamos sinceras, nem sempre foi assim. Até a parte do escovar os dentes pode coincidir, mas me olhar no espelho e ter essa convicção? Isso foi só de uns anos para cá.

Bem, já que vamos passar algum tempo juntas, nada mais justo do que convidá-la para uma pequena imersão na minha história, para você entender como cheguei até aqui.

Mudanças e raízes

Para ser sincera, como filha de pais separados, a maior parte das lembranças que coleciono de quando era menor são de mudanças de cidade. Lembro bem a correria de encaixotar os brinquedos, colocar as roupas em sacos, ajudar minha mãe a proteger a louça com plástico bolha ou jornal antigo para não quebrar durante o trajeto.

Não que eu não tenha outras memórias incríveis da minha infância: brincando na rua com meus irmãos até a hora de voltar para casa e tomar um bom banho para jantarmos; passando as tardes fazendo de conta que éramos super-heróis, e cada um tinha um superpoder (o meu era sempre o poder de voar); andando de bicicleta pelo bairro — e colecionando bons tombos —, tomando banho de chuva no verão; criando letras de música e coreografias com a minha prima para apresentarmos um show imaginário para a família; comprando figurinhas na vendinha da esquina para completar o álbum da vez. Os domingos de manhã no culto de jovens com meus vestidos fofos, as simples festinhas de aniversário que meus pais sempre se esforçaram para fazer, o bolinho de chuva da minha avó, a massinha de pão frita da minha mãe no café da tarde, nossas noites jogando banco imobiliário com a família reunida. São muitas recordações maravilhosas!

Contudo, as mudanças me marcaram bastante, e elas começaram a acontecer após meus sete anos de idade, quando meus pais se separaram. Ao todo, foram cinco cidades: em algumas delas morei com a minha mãe, em outras, com meu pai. Isso sem contar quando passei algum tempo com a minha tia e, então, com a minha avó.

Não vou mentir dizendo que eu não gostava. Por mais que — infelizmente — eu tivesse de deixar algumas amizades para trás (e, como uma criança sem redes sociais para manter contato, na época, isso era definitivo), eu adorava a ideia de, mais uma vez, mudar de ambiente, de escola, e conhecer gente nova. A verdade é que sempre fui fã das novas experiências; nunca fui muito apegada.

E, quando vejo meu reflexo no espelho, eu simplesmente sei que sou filha amada.

O que mais me deixava entusiasmada, no entanto, era chegar aonde absolutamente ninguém me conhecia, com infinitas possibilidades, e finalmente conseguir ser uma "eu mais confiante, melhorada-e-evoluída", uma versão minha que as cidades anteriores não haviam visto. Vamos combinar que é bem aquela ideia de filme adolescente, quando a protagonista precisa se mudar por algum motivo e tudo de interessante começa a finalmente acontecer na vida dela, sabe? Cidade nova, vida nova.

Pois é, olhando para trás hoje em dia, é até engraçado pensar que isso se passava na cabeça de uma Quézia ainda tão pequena. Pena que, na vida real, sempre foi muito mais difícil colocar tudo isso em prática. Afinal, diferentemente dos filmes, não temos o poder de roteirizar os acontecimentos nem somos capazes de controlar o impacto (positivo ou negativo) que cada personagem que esbarrará com a protagonista terá para mudar o enredo da história que ela própria inventou e ansiava viver. É um looping[1] de expectativas que culmina em frustração quando a realidade chega, uma e outra vez.

Posso dizer que minha jornada com a insegurança, a comparação e a baixa autoestima começou bem cedo. É um pouco doido pensar que o que carregamos conosco teve seu início, muitas das vezes, de forma despretensiosa; uma simples semente jogada em um dia ordinário germinou e cresceu ao longo do tempo. Revisitando meu passado, percebo que essas sementinhas surgiram em meio às mudanças constantes de cidade e aumentaram de tamanho mais tarde.

Por mais que, no início, eu sempre ficasse entusiasmada com a ideia — verdade seja dita —, não é fácil para nenhuma criança se mudar cinco vezes para cidades diferentes no intervalo dos sete aos treze anos.

Sei que são experiências muito particulares, mas quem teve os pais separados desde cedo provavelmente vai entender o sentimento de não ter exatamente um lugar no mundo, aquela raiz forte o suficiente capaz de trazer

---

1 Ciclo, por vezes, interminável.

firmeza, segurança e conforto, de forma que, mesmo em meio à tempestade, você não teme porque sabe que está fixada o suficiente na terra. As raízes fazem toda diferença.

Não julgo meus pais; eu os amo de todo meu coração e sei que procuraram me dar o melhor com o que podiam diante daquele cenário inesperado, sem um guia mágico de instruções. Mas, por algumas vezes, recordo ter sentido como se estivesse em cima de uma bandeja, sendo arrastada para lá e para cá durante uma festa agitada em um grande salão. Digo isso porque uma hora estava com meu pai, outra morando com a minha tia, depois com minha avó, e então com a minha mãe.

Eu queria me sentir estável e amparada. Não me entendam mal! Havia pessoas ao meu lado que me amavam. Mesmo assim, carregava um sentimento estranho de que estava cambaleando de um lado para o outro pela vida.

A verdade é que sentia-me insuficiente para essas pessoas e frequentemente via-me como um peso, como se tivesse o dever de manter uma boa performance dentro e fora de casa para retribuir o cuidado que recebia quando era acolhida para morar com eles.

Lembro-me de ter sido aquela figura perfeita de aluna exemplar que não tinha problemas com notas, não precisava ser cobrada para estudar porque sempre teve senso de responsabilidade, e nunca era chamada na direção por mal comportamento. Também nunca dei grandes trabalhos para os meus pais nem me envolvi em grandes dramas, sabe?

O fato é que, inconscientemente, eu carregava comigo o medo de não agradar, de não suprir as expectativas que eles colocavam sobre mim e, por fim, ser rejeitada. Sem querer, criei um mundinho meu e passei a me fechar nele para não arriscar cometer muitos erros. Foi nesse meio tempo que brotou a insegurança que me acompanhou por longos anos.

Reflexões da infância

No geral, quando pequenas, estamos mais preocupadas em acordar a tempo de pegar o desenho favorito passando na TV, comer aquela sobremesa tão aguardada pós-almoço, ir para a escola e encontrar a melhor amiga, brincar de pega-pega no recreio, ser elogiada pela caligrafia bonita, aguardar ansiosa pelo passeio do fim de semana, ou então dar logo o tempo necessário para entrar na piscina depois de ter comido e passado o protetor solar. Ao menos, é assim que eu lembro de parte da minha época de criança.

E, como disse a você, minha infância foi marcada por vários bons momentos comuns como esses que, de tão corriqueiros, tornavam-se especiais. Entretanto, também vivenciei situações um pouco desafiadoras para a minha idade.

Não sei se você se identifica, mas, desde pequena, sempre fui uma das alunas mais altas da turma (não que eu seja altíssima hoje em dia com meus modestos 1,68m). Era aquela que ficava no final da fila por ordem de tamanho, e meu biotipo corporal sempre colaborou para que eu tivesse um corpo bem magro. *Tcharãn*! Cenário perfeito para ouvir as mais diversas críticas e piadas durante a infância. “Nossa, como está magra! Você não come, não? Seus pais precisam te dar mais comida” eram frases típicas, sempre acompanhadas por uma risadinha ao final, como que para deixar claro: "estou só brincando". No entanto, só quem já passou diversas vezes por momentos como esse — e ainda teve de dar um sorrisinho por educação — entende o quanto essas palavras podem reverberar por tempo até demais na nossa mente.

Concordamos que, até certa idade, sequer prestamos atenção nessas coisas, nas características que nos acompanham, não é? Como mencionei, estamos mais preocupadas com outras coisas. Não prestamos atenção nelas até o dia em que alguém decide apontá-las como defeito. É nesse momento que parece que colocamos óculos de hiperfoco e começamos a enxergar isso com nitidez e intensidade, enquanto o resto se torna um borrão. Bem, comigo não foi muito diferente.

Em certo momento, involuntariamente, de tanto ouvir as mesmas afirmações — sejam elas sobre a sua aparência ou a personalidade — começamos a tomá-las como verdades, fatos indiscutíveis e imutáveis. No fim, elas influenciam a forma como passamos a enxergar a nós mesmas no espelho. Ouvi palavras que ecoaram por longos anos e deixaram na bagagem um intenso anseio por viver camuflada.

Durante anos, tudo o que consegui fazer foi me fechar, evitar situações em que seria o centro das atenções e lugares onde poderiam me olhar por muito tempo e enxergar aquelas características que eu carregava como minhas inseguranças de estimação. Sim, sempre que possível, eu procurava ficar invisível, escondida, não exatamente em um esconderijo físico e palpável, mas atrás de armaduras que, devido aos comentários e piadinhas somados àquilo que eu via refletido no espelho e não gostava, acabei criando em torno de mim mesma.

No fim das contas, não importava se eu havia acabado de chegar a uma cidade diferente e, consequentemente, a um novo colégio. Por mais que eu tentasse dar o *start* em uma nova história, essas armaduras se infiltravam diariamente e faziam parte do meu "*outfit of the day*" (em português, "visual do dia" — expressão frequentemente usada nas redes sociais para se referir à roupa escolhida). Uma e outra vez, aquela versão do "eu mais confiante", tão desejada, permanecia apenas como algo que almejava viver um dia, quem sabe numa próxima cidade.

Valentes do Senhor

Falando em esconderijo, você conhece a história de Gideão? Eu gosto muito dela porque, de certo modo, ela reflete muito do que já vivi.

Gideão fazia parte de Israel, o povo de Deus, que, na época, era duramente oprimido pelos midianitas e outras nações vizinhas. Elas constantemente o atacava, roubando suas colheitas e seus animais até que, por consequência, os israelitas viam-se cada vez mais pobres, passando a viver escondidos nas montanhas e nas cavernas, a fim de se manterem a salvo dos midianitas, como a Bíblia relata.

Com medo do inimigo, Gideão também havia se escondido em uma caverna. Porém, ao ouvir o clamor dos hebreus, que não aguentavam mais esse cenário de opressão, o Senhor enviou o seu Anjo para encontrá-lo e entregar-lhe uma mensagem onde ele estava.

A Bíblia relata que Gideão estava malhando o trigo no lagar, o que era estranho, considerando que, se pesquisamos um pouco, vemos que esse local não era feito para isso. Um lagar era uma cova esculpida na rocha onde as uvas eram pisadas e prensadas. O lugar em que o grão de trigo era normalmente trilhado ficava localizado em uma eira aberta, elevada e exposta. Vamos combinar que, na situação em que o povo israelita se encontrava, serem vistos pelos inimigos não era o ideal e, ao escolher uma cova para esse trabalho, vemos o tamanho da opressão que Gideão carregava. Logo, ele havia passado os seus dias se escondendo como podia, até que a história mudou — e eu amo esses *plot twists* (em português, "pontos de virada") da Bíblia.

A história de Gideão é incrível porque o Anjo do Senhor vai até onde ele está, na cova, trabalhando escondido, e lhe diz que o próprio Deus está com ele, e o chama de **homem valente** (cf. Juízes 6.12). Então Gideão, sem esperanças e desacreditado, responde ao Senhor com um toque de cinismo, relutância e falta de fé:

> *Gideão respondeu: — Ah! Meu senhor! Se o Senhor Deus está conosco, por que nos aconteceu tudo isto? E onde estão todas as suas maravilhas que os nossos pais nos contaram? Eles disseram: "O Senhor nos tirou do Egito!" Porém, agora, o Senhor nos abandonou e nos entregou nas mãos dos midianitas.* (Juízes 6.13)

As palavras de Gideão provam que ele se sentia abandonado, desamparado. Embora essa não fosse a realidade, as circunstâncias em que estava inserido o levaram a desacreditar que Deus permanecia com ele e com seu povo. Ainda assim, o Senhor o comissionou para a importante missão de liderar a libertação do povo de Israel da opressão:

Então o Senhor se virou para Gideão e disse: — Vá nessa força que você tem e livre Israel das mãos dos midianitas. Não é verdade que eu estou enviando você? Gideão respondeu: — Ah! Meu Senhor! Como livrarei Israel? Eis que a minha família é a mais pobre em Manassés, e eu sou o menor na casa de meu pai. (Juízes 6.14-15)

Sabe o que eu penso? Talvez Gideão tenha passado por algumas situações em que ouviu essas afirmações sobre quem ele era — que ele era o menor, que não havia nada de especial nele, que ele fazia parte de uma família medíocre. E, quando o Senhor o convidou para realizar algo grande, sua reação foi se rebaixar, levantando sua armadura para ter uma falsa sensação de proteção.

Ele não acreditava ser capaz daquela missão. Naquele momento, assim como eu um dia, Gideão carregava junto dele algumas armaduras invisíveis. Ele não via a grandeza e o potencial que Deus enxergava nele.

*Mas o Senhor disse: — Já que **eu estou ao seu lado, você derrotará** os midianitas como se fossem um só homem.* (Juízes 6.15 – grifo nosso)

A história segue. O Senhor afirma que certamente estaria ao seu lado e, assim, ele concluiria a missão para a qual foi comissionado. Deus pede a Gideão para destruir o altar de Baal, que o povo estava adorando. Quando ele o faz, os midianitas logo descobrem o responsável e arquitetam uma invasão contra Israel como vingança. O que acontece é o que o Senhor prometeu: Deus vai ao lado de Gideão e seus trezentos homens (pouquíssimos se comparados aos seus inimigos), capacitando-os para lutar contra 135 mil midianitas e aliados. Por fim, vemos a vitória e libertação do povo de Israel.

Gideão foi considerado o juiz mais importante que Israel teve. Engraçado, não é? Logo ele, aquele que não se enxergava capaz, que vivia seus dias escondido em cavernas, que olhava para si e se via como o menor, aquele que não poderia fazer grandes coisas levando em conta de onde tinha vindo, foi justamente aquele que o Senhor chamou e capacitou para trazer a vitória para o seu povo.

Uau, essa história me ensina e me inspira tanto!

Deus via em Gideão aquilo que ele próprio não enxergava e não acreditava ser verdade sobre ele.

O Senhor lhe envia seu Anjo para dizer que Gideão era um "homem valente"! Se pararmos para pensar no contexto em que essas palavras foram ditas, elas não fazem muito sentido, certo? Afinal, Gideão estava trabalhando escondido, com medo de ser encontrado. Mas o Senhor não declara o que as circunstâncias dizem, o que o homem vê; Ele vai além, afirmando a identidade real de Gideão, atestando aquela característica que Gideão foi criado para ter. Ele declara a forma com que **Seus** olhos enxergam Gideão. Isso muda tudo.

Você já parou para pensar o quanto palavras que ouvimos no passado, experiências que tivemos, afetam a forma como nos enxergamos até hoje? Talvez um comentário, "inocente" para quem o fez, tenha gerado marcas profundas; palavras que, em tom de piada, a machucaram. Olhares de desdém fizeram você acreditar que não era bem-vinda, que não era o suficiente, que não era bonita, que era um peso e um obstáculo para as pessoas, que você não era amada, que nunca seria alguém na vida, que você era incompetente e só sabia fazer tudo errado.

Sim, quem sabe suas experiências também tenham feito com que, assim como eu, você construísse uma armadura em torno de si, escondendo sua verdadeira identidade por puro medo. Talvez só agora, lendo estas páginas, você reconheceu que carrega uma. Contudo, a boa notícia é que ainda há tempo de soltar essas amarras e lançar-se nas verdades de Deus sobre a sua vida e nas aventuras que Ele já roteirizou para viverem juntos.

Como Ele nos vê

O processo mais importante da minha vida, e que a convidarei para trilhar comigo, foi aquele em que decidi abandonar a visão que eu tinha de mim quando me olhava no espelho, para então me ver como meu Criador me enxergava. Foi trocar os meus olhos embaçados e sem nitidez pelos Seus olhos cheios de amor, compaixão e apreço.

Ele estende esse convite a você, a fim de que passe a se ver pelas Suas lentes, como Sua obra-prima preciosa (cf. Salmos 139.14). Assim como o Senhor chamou Gideão de homem valente mesmo quando ele não percebia quem era, Deus também deseja afirmar a sua identidade; aquilo que Ele vê em você. Porque convenhamos: nada mais importa.

> *Eu é que sei os pensamentos que tenho a respeito de vocês, diz o Senhor.* (Jeremias 29.11)

Recordo-me bem de que, desde a adolescência, época que conheci verdadeiramente quem era Aquele que havia me salvado, o famoso Jesus que havia Se entregado por mim em uma cruz — como eu ouvira desde pequena, mas que, até então, só conhecia por ouvir falar (cf. Jó 42.5) —, eu pedia que me mostrasse o propósito para o qual eu fui colocada nessa Terra. O que eu, tão pequena e com um passado marcado por tantas inseguranças, medos e traumas, teria para imprimir na vida de outras pessoas? Será que eu realmente teria algo?

Mal poderia imaginar que, naquela época de adolescente, o Senhor ainda estava trabalhando na minha vida (e continua até hoje), gerando testemunhos que, mais tarde, eu viria a entender e compartilhar, para que outras jovens mulheres se identificassem e pudessem ser reativadas na busca pela sua verdadeira identidade. E quer saber? Com você não é diferente, minha amiga. Grande parte das vezes em que passamos por desertos, momentos difíceis que achamos que não vamos suportar, nós não entendemos. Até chegamos a questionar a Deus o porquê de passarmos por tudo isso. No entanto, gosto de pensar que, por mais doloroso que seja, estamos gerando um testemunho.

Há uma frase famosa de uma música do Rodolfo Abrantes de que gosto muito: "que das minhas feridas saia poder pra curar" (*Até que a casa esteja cheia*), e ela faz muito sentido para mim. Acredito que é isso que acontece, pois nada é em vão.

Bem, tenho uma certeza impressa no meu coração de que estas páginas fazem parte daquilo que eu fui chamada para gerar. Como uma leitora apaixonada, senti falta de olhar para as prateleiras das livrarias e encontrar obras em que eu pudesse bater os meus olhos e dizer "Uau, essa autora conhece a minha vida? Eu passo exatamente por isso. Eu preciso ler esse livro".

Senti falta de mergulhar em cada palavra escrita e conseguir me enxergar ali, junto da autora e, a cada página lida, ser encorajada e inspirada a olhar para dentro, revisitar a minha história e me ver sendo transformada pelas verdades da Palavra a meu respeito.

Foi por isso que *Única* nasceu, e será nestas próximas páginas que nossa jornada começará. Meu desejo é que este livro não seja apenas mais um na sua estante, mas que gere um impacto profundo em sua vida de forma especial.

Pensando em como fazer dessa leitura uma experiência prática, e não apenas uma leitura passiva, proporei alguns desafios que serão chaves importantes a fim de incentivá-la a realmente sair da zona de conforto, tirar as vendas dos olhos e jogar fora máscara por máscara. Então, é essencial que cumpra esses desafios, combinado?

Desafios *práticos*

- Assim como revisitei algumas experiências da minha infância que foram essenciais para que eu encontrasse as raízes que haviam sido plantadas e começar a tratá-las, eu a convido a refletir sobre como as experiências pelas quais você passou podem, de alguma forma, ter moldado sua identidade — a forma como você se enxerga hoje.

- Quero que você pegue um caderninho — ou apenas uma folha, *post-it*, o que você tiver em casa — e, neste momento, use como um diário: faça uma listinha com registros das suas primeiras memórias de insegurança e das situações em que você se recorda de ter usado alguma máscara para se proteger.

Capítulo dois

“Sei que **baixar as armas** e falar sobre nossas **inseguranças** não é nada fácil.”

Capítulo dois

Enquanto bebericava meu chá quente, servido em uma das minhas canecas favoritas, e lia as páginas de um dos meus livros da vez enquanto o sol se punha, deparei-me com um trecho que acredito ser muito verdadeiro:

> Todos temos um turbilhão de questionamentos, e as respostas para grande parte deles podemos encontrar em nossa história. [...] Não que eu ache que tudo se resolva apenas ao olhar para dentro de nós mesmos, mas acredito que muitas coisas não destravarão do lado de fora antes de olharmos para o nosso interior. [1]

Conforme buscava entender como a insegurança e a baixa autoestima passaram a fazer parte da garota que eu enxergava no espelho, vi a necessidade de respirar fundo e revisitar minha história.

O importante nesse processo foi lembrar de fazê-lo não mais com olhos de julgamento, apego ou culpa,

1 N. E.: Alana Anijar, *Psicologia na prática*, 2024.

tendo em mente que, se estou em Cristo Jesus, as coisas antigas já passaram e eis que tudo se fez novo (cf. 2 Coríntios 5.17), mas ter um olhar de graça, atento e analítico — como o de uma estudiosa que, com uma lupa, procura os detalhes que podem fazer toda a diferença no decorrer do trabalho. Identificar a origem das raízes me ajudou no processo de tratar os sentimentos que tanto me aprisionaram.

Você se lembra de quando a insegurança passou a fazer parte do seu dia a dia? Não sei você, mas tenho a sensação de que, na maioria das vezes, é na adolescência em que ela nasce e passa a nos acompanhar com maior frequência.

Talvez seja pelo fato de que é nessa fase que cresce em nós, mulheres, o desejo de gostar daquilo que vemos refletido no espelho, não é? Chega o momento de finalmente nos arriscarmos com as maquiagens e aprendermos o passo a passo de como fazer aquela que mais valoriza nossos traços, de descobrirmos para que lado e com qual finalização mais gostamos do nosso cabelo. Passamos a querer vestir um estilo de roupa com o qual nos identificamos mais, e a nos inspirarmos em figuras conhecidas. É nessa famosa etapa também que nosso coraçãozinho, talvez pela primeira vez, começa a bater mais forte por um garoto específico... resumidamente, é um período de descobertas, recheado de turbilhões de novos sentimentos até então desconhecidos — dentre eles, a famosa sensação de insuficiência, de não conseguir se encaixar perfeitamente nos lugares.

Penso que existem inúmeros outros agentes externos determinantes para o crescimento da insegurança nessa fase. Um exemplo são as tramas dos filmes clichês românticos que influenciam tantas garotas. Nessas histórias, em sua grande parte, a protagonista não é nada menos que completamente segura, confiante, supersociável, linda da cabeça aos pés, sempre bem-vestida, sem nenhum fio de cabelo espetado para fora de seu penteado, e com uma pele que parece feita de porcelana. Defeitos? Está de brincadeira, né?

Identificar a origem das raízes me ajudou no processo de tratar os sentimentos que tanto me aprisionaram.

Claro que existem aqueles outros roteiros em que, no início, a protagonista era desleixada, invisível na escola, medrosa e tímida, mas ao decorrer da trama, se transforma completamente. Como não pensar naquela cena clímax em que a protagonista aparece no alto da escada com um vestido icônico e todos param para olhá-la? Consigo me lembrar de dezenas de filmes assim.

Vou ser sincera, cresci apaixonada por esse tipo de roteiro. Ele me dava a esperança de também alcançar isso um dia, essa transformação radical e mágica.

A verdade é que, por muito tempo, filmes românticos serviram como um escape no fim do dia para minha mente, sempre que ela se encontrava cheia demais, preocupada ou apenas entediada. A solução? Certamente um filme clichê.

Amava a experiência de ir até uma locadora com a minha mãe e encontrar uma comédia romântica para ser assistirmos ao fim de semana. Ou então devorava esses filmes à tarde após a escola, quando surgiram os revolucionários streamings.

Admito, até hoje, amo ver uma comédia romântica leve nos momentos livres ou na hora de pintar as unhas para passar o tempo mais rápido (que é quase como um ritual para mim), mas agora é diferente.

Hoje, percebo que, até certo ponto da minha vida, mesmo que de forma inconsciente, eu cultivava o desejo (certamente uma ilusão) de ser como a protagonista do último filme a que assisti. Projetava a ideia de que esse era o objetivo da minha existência e que, se o alcançasse, eu finalmente me sentiria linda e confiante como ela e teria sucesso em todas as áreas; seria uma verdadeira protagonista de um filme, completa e com um final feliz. Contudo, ocasionalmente, quando percebia que essa não era uma realidade que eu conseguia agarrar com as minhas mãos, mais uma vez vinha a frustração.

Máscaras

Subindo a arquibancada do ginásio da escola, numa tarde em pleno verão de 2010, acompanhada do meu grupo de amigas para a aula de educação física, foi quando eu, a Quézia, de nove anos para ser mais exata, me comparei pela primeira vez. Bem, ao menos essa é minha primeira lembrança desse sentimento.

Talvez pareça engraçado, mas lembro-me exatamente do momento. Olhei para um degrau acima do que eu me encontrava e lá estava uma de minhas melhores amigas da época. Sabe aquela menina por quem todos os meninos da sala são secretamente (ou não tão secretamente assim) apaixonados? Era ela. Estávamos conversando até a professora organizar o restante dos alunos para dar início à aula, e eu me lembro de olhar para essa amiga e notar que o short-saia do seu uniforme (o mesmo que eu usava) parecia cair tão melhor nela que em mim. Afinal, em mim sobrava. Minhas pernas não ficavam tão bonitas quanto as dela, que pareciam preencher quase que perfeitamente o tecido. Nessa tarde comum, passei a conhecer a tão temida baixa autoestima; comecei a alimentar o pensamento de que eu era magra demais para alguma roupa ficar bonita o suficiente em mim.

Foi só por volta dos meus doze ou treze anos que me vi imersa na lama da insegurança e da comparação, talvez por ter sido a época em que os comentários e as brincadeiras em relação ao meu corpo de fato começaram. A partir de então, as máscaras, aquelas que carreguei fielmente comigo até poucos anos atrás, começaram a ser efetivamente fabricadas a fim de me poupar ser vista de verdade.

Não vou negar, de fato elas transmitem a falsa impressão de estarmos finalmente protegidas, em um lugar de segurança e de conforto. No entanto, no fim, não passa de uma ilusão; é como correr atrás do vento (cf. Eclesiastes 1.14): inútil.

Sei que venho falando sobre as máscaras que construí para me esconder, e acho que você deve estar pensando: "Mas que máscaras são essas?". Então deixe-me contar.

Toda pessoa que já sofreu com baixa autoestima provavelmente teve as suas, seja adotando uma nova forma de agir, ou então usando algo físico para esconder suas "imperfeições". Durante a adolescência, carreguei muitas inseguranças em relação ao meu corpo e elas afetaram diretamente a forma como eu me vestia e me portava.

Algumas das minhas máscaras já foram um kit com lápis de olho preto, uma blusa de manga comprida, uma *legging* por baixo dos jeans e um moletom amarrado à cintura, sem mencionar a introspecção e a baixa autoestima.

Na época, o lápis foi a saída que encontrei para disfarçar uma das características que hoje mais amo em mim, mas que antes via como defeito: meus olhos grandes. Por anos, tentei esconder esse traço por pensar que ele me deixava menos feminina, não delicada como as outras garotas.

Uma lembrança muito especial que tenho foi quando o Matheus, hoje meu marido (a quem eu amo muito!), falou pela primeira vez que a característica que ele mais amava em mim eram justamente meus olhos grandes. Lembro-me de ter ficado bem confusa e dar uma risadinha desacreditada, porque, para mim, não fazia sentido. Carregava há anos essa característica como um peso, não como algo que eu admirava em mim mesma. Ele foi a primeira pessoa que me disse o contrário do que eu acreditava.

Ele sempre falava que eu deveria usar menos lápis de olho, que deveria sair sem maquiagem porque meus olhos eram lindos. Confesso que eu custei a acreditar que ele estava sendo verdadeiro quando falava isso. Com o tempo, porém, de tanto ouvir as mesmas palavras, decidi dispensar o lápis preto e aceitar os olhos grandes. Foi nesse processo que passei a amá-los, acredita?

Já as blusas de manga comprida eram usadas para cobrir meus braços cheios de pelinhos escuros que, por longos anos, foram motivo para as mais diversas piadas em todos os colégios. Mesmo ouvindo "Nossa, você não está com calor, não?" ou "Gente, acho que a Quézia está doida! De moletom nesse sol!", a blusa ainda era uma forma de fazer com que os pelinhos passassem despercebidos e evitar ouvir palavras que, mesmo em tom de brincadeira, me machucassem mais.

A *legging* por baixo do jeans, por fim, parecia resolver o problema de ter as pernas muito finas, enquanto minhas amigas já eram super encorpadas aos onze anos de idade. Essa era minha maior insegurança ao longo dos anos e também foi a que mais rendeu comentários.

Mais adiante, a blusa de moletom amarrada à cintura substituiu a *legging* por baixo do jeans depois de um período, e foi a que me acompanhou por mais tempo. Somente após os dezesseis anos de idade fui abrir mão dela. Ela se tornou uma das minhas marcas registradas, sempre com o intuito de esconder minha falta de quadril. Os padrões de beleza mudam a cada época, mas me lembro que, nessa época, o padrão de beleza ainda era um corpo com quadril largo, coxas grossas e cintura fina. Era como se eu me achasse menos mulher por não ter essa característica, acredita? Bobagem.

A introspecção, bem, essa fala por si só. Para você entender, não, nem sempre fui introvertida. Essa característica, com certeza, não fazia parte da minha personalidade. Pelo contrário, tenho lembranças de ser uma criança muito comunicativa e desinibida, daquelas que chegam nos ambientes e logo fazem amizade com as outras, sabe?

Logo eu, sanguínea purinha, acabei me fechando como um meio de fuga.

A introspecção passou a ser usada como muleta; era a saída para desviar os olhares de mim, a fim de que não enxergassem aquelas características que eu tanto abominava e, mais uma vez, evitar que eu acabasse sendo o destino de comentários que só alimentariam ainda mais as minhas inseguranças.

E você? Consegue pensar em quais máscaras você possivelmente criou um dia?

Sei que baixar as armas e falar sobre nossas inseguranças não é nada fácil; isso requer vulnerabilidade, e temos a mania de achar que ser vulnerável é ser fraco, não é? Confessar que, por vezes, não pensamos ser o bastante é desconfortável.

Confessar que, por vezes, não pensamos ser o bastante é desconfortável.

Entretanto, admitir o que nos aflige pode abrir portas para sermos transformadas. A Bíblia mesmo não nos diz que quando somos fracos nos tornamos fortes? Pois é na nossa fraqueza que o Senhor age com o seu poder:

> *Então ele me disse: **"A minha graça é o que basta para você, porque o poder se aperfeiçoa na fraqueza."** De boa vontade, pois, mais me gloriarei nas fraquezas, para que sobre mim repouse o poder de Cristo. Por isso, sinto prazer nas fraquezas, nos insultos, nas privações, nas perseguições, nas angústias, por amor de Cristo. Porque, quando sou fraco, então é que sou forte.* (2 Coríntios 12.9-10 – grifo nosso)

Certamente estou com você!

Não precisamos ter vergonha de sermos vulneráveis diante do Senhor, pois é justamente o que Ele espera de nós para então agir e transformar nossa realidade.

Enquanto pensava sobre minhas inseguranças, lembrei-me de dois personagens bíblicos que também tiveram as suas, dois importantes homens de Deus que não foram isentos desse sentimento.

Você se lembra de quando o Senhor chamou Moisés para libertar o povo de Israel do Egito e levá-lo para a Terra Prometida (cf. Êxodo 3.4-9)? Lembra qual foi a sua reação a esse chamado?

Ele logo questionou a Deus, dizendo: "Quem sou eu para ir a Faraó e tirar do Egito os filhos de Israel?". Em seguida, o Senhor fala que certamente irá com ele nessa missão. Mesmo assim, Moisés O questiona novamente, dizendo: "Ah! Senhor! Eu nunca fui eloquente, nem no passado, nem depois que falaste a teu servo, pois sou pesado de boca e pesado de língua" e insiste para que o Senhor envie outro em seu lugar (cf. Êxodo 3.11-12; 4.10-13).

Claramente, Moisés não se achava capacitado para esse chamado. Ele prontamente compartilhou com o Senhor sua insegurança em falar; sentia-se insuficiente por ter a língua pesada.

Lembrei-me, então, do profeta Jeremias, um jovem que passou por algo bem parecido. O Senhor o havia chamado, declarando que, mesmo antes de formá-lo no ventre de sua mãe, ele já era escolhido e designado profeta às nações. Contudo, Jeremias respondeu, trazendo à tona sua insegurança, dizendo que não sabia falar, pois não passava de uma criança. Ele achava que era jovem demais para ser um profeta (cf. Jeremias 1.6-7).

Embora não se saiba exatamente quantos anos tinha quando o Senhor o chamou, estudos apontam que Jeremias ainda não havia atingido a idade adulta, podendo ter entre dezessete e vinte anos.

Esses dois homens, que viriam a ser grandes referenciais, um dia também carregaram suas inseguranças:

um pensava que não era bom para falar, pois sua língua era pesada; o outro se achava jovem demais para realizar seu chamado. No entanto, sabemos que o próprio Deus, Aquele que os havia chamado, também os capacitou. Onde eles eram "fracos" o poder do Senhor se aperfeiçoou. Isso só aconteceu porque eles decidiram ser vulneráveis e sinceros, e contaram a Ele as inseguranças que carregavam.

Abraçar a verdade

Desde pequena, tive dores abdominais que se assemelhavam à cólica. Algumas dessas vezes, elas eram tão intensas que me levavam a chorar, e claro que meus pais se preocupavam, como qualquer pai se preocuparia ao ver sua filha chorando com uma dor repentina. Por volta dos meus oito ou nove anos, fomos ao médico do posto perto de casa para contar o que eu sentia e tentar descobrir se havia algum diagnóstico.

Não fiz exames — penso que ele não considerou necessários pelos meus relatos — e saímos da consulta sem respostas. Ao que tudo indicava, eram dores "normais" que logo deveriam passar, pois aparentemente não havia nada de grave acontecendo comigo.

Convivi com elas esporadicamente a ponto de me acostumar. Como tornou-se algo normal, não procurei nenhum médico ao longo dos anos.

Por volta dos meus vinte anos, comecei a notar, aos poucos, que sempre que eu comia alguma comida que tinha queijo, leite (na maioria das vezes, doces), sentia muito desconforto na barriga, que geralmente evoluía para uma cólica e logo vinha a vontade de usar o banheiro.

Nunca havia escutado sobre intolerância à lactose e, se já tinha ouvido, certamente não dei importância. Só fui notar que os sintomas se assemelhavam aos meus quando Matheus, meu recém-marido na época, tocou no assunto e perguntou se eu achava que esse poderia ser o problema. E, bom, era.

Sinceramente, na minha cabeça, todas as pessoas sentiam desconforto na barriga após comer um doce ou qualquer comida recheada de queijo, fosse um lanche ou uma pizza, por exemplo. Por isso, nunca cogitei que o que eu sentia não era exatamente normal.

Às vezes, me pergunto como vivi por tantos anos sem saber que era intolerante à lactose, achando que aquelas dores eram comuns para todo mundo, e que as pessoas só não falavam muito sobre isso. Mas qual a relação disso com meu passado, minhas inseguranças, meus medos?

Assim como convivi com a intolerância à lactose por quase toda vida, acreditando que já era algo intrínseco, sem saber que havia uma saída, também passei boa parte dos meus dias com minha autoimagem distorcida e destruída pelas críticas constantes que um dia ouvi. A cada dia que passava, continuava confeccionando máscaras e mais máscaras, todas com o fim de esconder as inseguranças que me sufocavam.

Posso afirmar que a solução para minha intolerância passou a ser ingerir enzimas lactase para não passar mal ao comer alimentos que contêm lactose, ou então substituí-los por aqueles que não a possuíssem.

Já a chave para a distorção da minha autoimagem foi iniciar um processo importante. Ah, minha amiga, precisei me debruçar em conhecer verdadeiramente o Médico dos médicos. À medida que eu O conhecia mais, o próprio artista que desenhou com cautela e amor incondicional cada traço que me compõe, mais passava a me conhecer também, enxergando o valor que antes não encontrava em mim.

Percebi, então, que as máscaras que vinha usando de nada serviam senão para darem uma falsa ilusão de segurança, trazendo-me apenas medo, ansiedade, autossabotagem, colocando-me em relacionamentos superficiais. Porém, a segurança de que eu precisava estava logo ali diante de mim, nas mãos que encontrei estendidas, nas asas que passaram a me guardar e proteger a partir do momento em que cedi. O que tento lembrar todos os dias é que:

> *Ele o cobrirá com suas penas, e, sob as suas asas, você estará seguro; a sua verdade é proteção e escudo.* (Salmos 91.4)

Entendi por fim que não havia motivos fortes o suficiente para esconder aquela que, antes de qualquer máscara e armadura, havia sido formada de forma maravilhosa e singular.

> *Pois tu formaste o meu interior, tu me teceste no ventre de minha mãe. Graças te dou, visto que de modo assombrosamente maravilhoso me formaste; as tuas obras são admiráveis, e a minha alma o sabe muito bem.* (Salmos 139.14)

Minha irmã, para me desvencilhar das amarras da insegurança, precisei desistir do controle, abandonar a visão embaçada todas as vezes que me olhava no espelho. Tive de baixar a armadura que eu segurava tão fortemente ao meu redor, impedindo que as pessoas chegassem muito perto e, finalmente, permitir que Ele iniciasse seu trabalho em mim. Compartilhei com Ele (não que já não soubesse em detalhes, porque Ele já sabia) as falsas convicções que eu carregava e O deixei me moldar com as Suas verdades irredutíveis. Estava disposta, como um vaso de barro nas mãos do oleiro, a ser desmontada e, se necessário, reconstruída e refeita pelas mãos do Senhor.

Desafios *práticos*

- Liste as inseguranças que você sente que te acompanharam no passado e te acompanham até hoje. Após anotar, ore declarando que toda visão distorcida venha a ser realinhada de acordo com as verdades da Palavra. Declare que você renuncia a toda máscara e a toda armadura que um dia carregou, e por fim, peça ao Senhor que te guie nessa jornada de autodescoberta à luz da Palavra, para que você passe a se enxergar como Ele te enxerga.

- Rasgue e amasse o papel que continha suas inseguranças e jogue-o lixo, como um ato profético de que agora eles já não fazem mais parte de quem você é e de como se enxerga.

Capítulo três

“Se a gente
se encontrasse
no elevador e
você **me pedisse
um conselho** que
pudesse mudar sua
vida, e eu só tivesse
dois minutinhos,
com certeza
eu falaria sobre
o poder da palavra.”

Capítulo três

Confie em mim, não faria sentido avançar para os próximos capítulos sem antes compartilhar algo que mudou a minha vida em meio ao processo que Deus tinha para mim.

Se a gente se encontrasse no elevador e você me pedisse um conselho que pudesse mudar sua vida, e eu só tivesse dois minutinhos, com certeza eu falaria sobre **o poder da palavra**.

Você já ouviu dizer que a palavra tem poder, não é? Aposto que sim. Mas você já parou para pensar no que isso realmente significa?

Falando nisso... Vou compartilhar um fato sobre mim, que pode soar aleatório agora, mas eu amo as quintas-feiras. Por quê? Basicamente porque esse é o dia em que reunimos alguns casais em nossa casa para fazermos "célula" à noite, ministrando uma palavra de Deus e tendo um tempo agradável de comunhão. É uma delícia e, com certeza, uma das minhas partes favoritas da semana. Sou muito feliz por Deus ter confiado a nós algo tão precioso para cuidarmos!

E aí vem a parte interessante: enquanto o Math ministra aos adultos, eu fico com as crianças, os filhos desses casais tão abençoados. Temos nosso próprio grupo, com uma lição bíblica diferente a cada semana, preparada especificamente para que elas conheçam a Deus e a Sua palavra desde pequenas. Precioso, não é mesmo?

Faz pouco mais de um ano que o Senhor deixou claro para mim que queria que eu assumisse a liderança dentro do ministério *kids* (em português, "crianças", "ministério infantil"). Confesso que, no início, eu relutei muito (sério, muito mesmo). Todas as vezes que o Matheus vinha conversar sobre a possibilidade de nós nos tornarmos líderes em treinamento da célula de casais que frequentávamos e, mais para adiante, assumir uma célula nossa (acompanhada, simultaneamente, por uma célula *kids*), o assunto sempre acabava da mesma forma: eu dizia que não era para mim, que não tinha nada a ver com o que eu queria fazer, que eu não tinha jeito com crianças, e o assunto morria.

Eu não conseguia me enxergar liderando crianças de jeito nenhum, mas, quando é o Senhor Quem nos chama, sempre chega aquele momento em que as escamas dos olhos caem e passamos a enxergar com clareza. Percebi que não se tratava do que eu era capaz ou não de fazer, mas do que Ele desejava realizar. Aquele que nos chama é o mesmo que também nos capacita. Então claro que meu próximo passo foi dizer: "Sim, Senhor, vamos lá! Vamos fazer isso juntos".

Não levou muito tempo para quea eu me apaixonasse pelo ministério infantil e enxergasse, de fato, a importância de cuidar de algo pelo qual Deus zela tanto: as crianças.

É engraçado que, quando somos finalmente despertados para algo, mergulhamos de cabeça. E a verdade é que foi exatamente o que aconteceu quando entendi o que o Senhor queria de mim para esse tempo. Mergulhei logo de cabeça, sem medo. Na semana em que Ele falou comigo, descobri que haveria um encontro com Deus *kids* na nossa igreja, e que eu poderia servir na eaquipe de apoio (ou *staff* — não sei como você costuma chamar na sua igreja). Assim que coloquei maeus pés naquela chácara, com dezenas de crianças empolgadas para receber algo de Deus, naquele fim de semana de julho que marcou a minha vida, soube que não iria mais desistir.

Aquele que nos chama é o mesmo que também nos capacita.

Ok, agora que a deixei atualizada sobre nosso compromisso fixo das quintas-feiras, voltemos a falar sobre o poder da palavra.

Há algumas semanas, eu estava dando uma lição para minha célula *kids* justamente sobre esse tema. Na verdade, estávamos falando sobre o Deus da Criação, e ensinei como a Bíblia nos diz que tudo foi criado.

Você já leu sobre a criação do Universo lá em Gênesis? Encontramos um dos maiores exemplos do poder da palavra logo no terceiro versículo do nosso manual de vida, a Bíblia: "Então Deus **disse**: — Haja luz! E houve luz" (Gênesis 1.3 – grifo nosso).

Minha irmã, a palavra tem poder para criar! Nos versículos seguintes do capítulo um, encontramos vários "E Deus disse". Ele simplesmente criou tudo que existe dessa forma, com a palavra. Poderoso, não é? Com a Sua palavra, Ele trouxe à existência aquilo que queria ver.

Lembro que, nessa quinta-feira, as crianças ficaram surpresas e curiosas a respeito da forma como tudo foi criado. Elas me olhavam com os olhinhos mais atentos do que nunca enquanto eu explicava que Deus formou tudo pela Sua palavra. Essa célula rendeu muito papo sobre o quanto as palavras podem carregar poder. Foi uma delícia, e eu amo falar sobre isso.

Compartilhei com os pequenos que fico intrigada com o fato de que o Senhor não precisaria falar nada para criar o Universo. Você concorda comigo? Ele é Deus! Poderia somente estalar os dedos e tudo surgiria, ou nem isso! Ele não necessitava fazer movimento algum para tal façanha. Ainda assim, Ele escolheu usar as palavras para criar. Isso só me faz ter mais certeza de que o Senhor queria nos ensinar, desde o início, sobre o poder que nossas palavras carregam; aquilo que sai da nossa boca carrega responsabilidade pelo que experimentamos e vivemos.

Minha irmã, a palavra tem poder para criar!

Isso não para só lá em Gênesis. A Bíblia está repleta de versículos que respaldam o poder das palavras, tanto para o bem quanto para o mal, sendo capazes de produzir vida ou morte: "A morte e a vida estão no poder da língua; quem bem a utiliza come do seu fruto" (Provérbios 18.21).

Lembro-me de ter ouvido a seguinte frase em pregação: "Quem governa a sua boca, governa a sua história, aquilo que irá viver", e ela me marcou profundamente. O capítulo 3 de Tiago também faz uma analogia entre o leme de um navio e a nossa língua, mostrando que, assim como o leme é pequeno, mas capaz de dirigir um grande navio, a língua — um órgão tão ínfimo — carrega um grande poder: ela nos dirige.

Para me apropriar dessa chave poderosa, comecei a ser intencional em perceber aquilo que eu vinha construindo para os meus dias por meio das minhas palavras. Como resultado, eu me dei conta do quão fácil é proferir palavras contrárias, malditas, muitas vezes sem perceber que elas estejam saindo dos nossos lábios.

Criamos uma cultura em que palavras de desânimo, de maldição, reclamações, murmúrios, se tornaram rotineiras e saem constantemente das nossas bocas, várias vezes ao dia, nas mais diversas situações.

Meu querido pastor sempre compartilha um exemplo que faz muito sentido: normalmente, uma conversa com um desconhecido em uma fila ou elevador se inicia facilmente com uma reclamação do tipo: "Que tempo feio que está fazendo hoje, não é?", "Nossa, mas está calor demais, não acha? Quem aguenta, né?", ou então: "Essa fila está demorada demais, você também está aqui faz tempo?". Pois é, esse hábito faz parte da cultura que nos leva a sermos grandes reclamadoras.

Acho interessante que "cultura" vem do termo em latim "*colere*", que significa cuidar, cultivar, investir seu tempo nutrindo algo. Pense comigo: se a maioria das palavras que saem da nossa boca são contrárias, é porque temos cultivado elas no nosso interior, e tudo aquilo que cultivamos **cresce**: "Plantarão vinhas e beberão o seu vinho; farão pomares e comerão dos seus frutos" (Amós 9.14). Você provavelmente também já leu ou ouviu este famoso versículo em algum momento:

> *A pessoa boa tira o bem do bom tesouro do coração, e a pessoa má tira o mal do mau tesouro;* ***porque a boca fala do que está cheio o coração.*** (Lucas 6.45 – grifo nosso)

Se nosso coração está contaminado com mentiras a nosso respeito, pensamentos negativos, desânimo ou descontentamento, é exatamente isso que sairá das nossas bocas. Simples. Toda palavra que um dia saiu da nossa boca já esteve dentro de nós. Nossos pensamentos e crenças resultam naquilo que proferimos.

Chamando à existência

Algo poderoso que eu aprendi há alguns anos durante a minha caminhada com o Senhor foi o conceito de chamar à existência, por meio de palavras, aquilo que ainda não via, mas gostaria de ver, pela fé. Como assim "chamar à existência"?

Você se lembra da passagem em que o Senhor leva o profeta Ezequiel a um vale de ossos secos?

O Senhor perguntou: "Será que estes ossos podem reviver?", e o profeta Lhe respondeu: "Senhor Deus, tu o sabes." O que acontece a seguir é poderoso: Deus ordenou que Ezequiel **profetizasse** sobre os ossos, pois o Senhor colocaria neles o espírito, e eles voltariam a viver. E assim aconteceu. Enquanto pronunciava o que o Senhor ordenara, os ossos se ajuntaram, o espírito entrou neles, e eles voltaram à vida, pondo-se em pé. Ele chamou à existência com as palavras, trazendo os ossos à vida (cf. Ezequiel 37.1-14). Uau!!!

Posso dizer que meu esposo e eu adotamos uma prática bem diferente e curiosa que tem gerado frutos incríveis nas nossas vidas até agora. Nós a chamamos de "algo profético". Como assim "algo profético"?

Na metade de 2023, decidimos dar um passo para sair do apartamento onde estávamos morando. Não pagávamos aluguel, então, de fato, era um lugar confortável para permanecer por conta do contexto. No entanto, sentíamos que era o momento de buscar um novo lar. Várias coisas no apartamento já não estavam nos agradando e tiravam a nossa paz. Além disso, em breve nos tornaríamos líderes de célula e precisávamos de um espaço que acomodasse o grupo de forma aconchegante. Um local mais espaçoso era algo que também sonhávamos por esse motivo.

Por essa razão, começamos a procurar alguns lugares disponíveis na internet. Em meio a essa pesquisa, um apartamento chamou muito a nossa atenção, mais do que qualquer outro que havíamos encontrado. Ele era perfeito, tinha tudo o que buscávamos e um pouco mais. Contudo, havia um detalhe: o aluguel ultrapassava o valor que havíamos planejado pagar. Vida que segue! Continuamos pesquisando outros, mas sempre com aquele bendito apartamento voltando a ser pauta das nossas conversas noturnas na cama antes de dormir.

Meu sonho (que eu pensava que se realizaria apenas futuramente) sempre foi morar em um lugar que tivesse janelas gigantes (eu sei, bem específico), por onde entrasse muita luz durante o dia — pois eu amo ambientes iluminados —, com uma vista bonita que me inspirasse a ser mais produtiva desde a hora que eu acordasse. Como trabalhamos de casa, tudo no apartamento conta muito, sabe? E adivinhe: essa era a descrição exata do lugar que tínhamos visto e não saía da nossa mente. Não sentíamos paz com nenhuma outra opção.

Lembro que, em meio a uma conversa com meu esposo, ele sugeriu: "Tá, mas e se fizéssemos uma visita profética?". A princípio, pareceu loucura para mim, e eu provavelmente soltei uma risadinha. Sabia que não haveria possibilidades de alugarmos aquele apartamento — pelo menos, não olhando com os olhos naturais. No fim das contas, porém, me animei só com a ideia de conhecer o apartamento por dentro e topei a ideia. Visita profética, lá vamos nós!

Agendamos a visita e, pouco tempo depois, chegou o tão aguardado dia. Lembro-me de ter dado o primeiro passo para dentro do apartamento e ele ter me ganhado de vez assim que visualizei o primeiro cômodo. Era ainda mais encantador pessoalmente; muito mais espaçoso do que onde morávamos, com paredes clarinhas como eu amava, minimalista, e o piso era maravilhoso de limpar (a gente já pensa em tudo, não é? *hahaha*). Uma das paredes do quarto e do escritório era feita de vidro — sim, janelas gigantes com vista para grandes árvores! Tudo nele fazia com que eu me sentisse em casa, mesmo que ele ainda estivesse todo vazio, e detalhe: era completamente novo, ninguém havia morado lá até então.

Ainda tenho a memória dos olhares que eu e o Matheus trocávamos sempre que entrávamos em um cômodo diferente enquanto a moça nos acompanhava em um *tour* pelo apartamento. Sabe aquele olhar que você consegue decifrar, como se estivessem conversando mentalmente? Foi assim. Eu sabia que ele queria dizer "Eu amei tanto isso aqui, *ahhhhhh*!!!", e ele sabia que o olhar que eu lhe lançava dizia o mesmo. Já nos imaginávamos ali.

Em um certo momento da visita, a moça nos pediu licença e disse que nos deixaria a sós para conversarmos, enquanto ela esperaria na sala. Ali estávamos, eu e o Math, no cômodo onde já imaginávamos um futuro escritório. Tirei meu celular do bolso, abri a câmera, tirei uma foto rápida nossa e falei para o Math: "Essa foto é para nos lembrarmos de quando fizemos uma visita profética ao nosso apartamento". Ele concordou sorrindo. Fizemos uma rápida oração com as mãos dadas, declarando que o Senhor realizasse a Sua vontade.

A essa altura, eu já estava abastecida de muita fé, misturada, claro, com uma empolgação enorme.

Decidimos finalizar a visita e perguntar à moça algumas dúvidas que tínhamos quanto às burocracias do aluguel: os valores tanto da "entrada" como do condomínio, todos esses detalhes. E tudo isso somente pela fé, claro, porque, naturalmente falando, a ideia ainda parecia muito distante.

Ela respondeu a todas as nossas questões, e saímos de lá um pouco desanimados, confesso. Sabe aquele meme "o brilho sumindo"? Então, o principal motivo era que teríamos de dar três aluguéis adiantados se pretendêssemos fechar negócio. Vamos aos fatos: era impossível, mesmo. Não tínhamos esse dinheiro disponível. Agradecemos a moça pelo seu tempo e dissemos que conversaríamos e, caso decidíssemos por alugar, daríamos um retorno.

Vou resumir para você o que aconteceu depois, caso contrário, eu facilmente passaria páginas e mais páginas contando os detalhes de como tudo se desenrolou e narrando todos os testemunhos que guardamos dessa história.

O que posso dizer é que, durante aqueles dias, Deus nos prosperou de forma sobrenatural. Ele nos deu o empurrãozinho de que precisávamos, como quem diz: "Vai, Eu cuido de vocês! Vai dar tudo certo. Eu preparei tudo isso como sonhavam". Conseguimos alugar o apartamento direto com o dono, livres de grandes burocracias e sem ter de pagar os três aluguéis adiantados. Amiga, esse é o resumo do resumo do que aconteceu nos dias seguintes à nossa visita ao apartamento.

Sinto que o Senhor estava apenas esperando que profetizássemos, crêssemos, declarássemos com a nossa boca aquilo que queríamos ver e, do resto, Ele cuidaria.

Vejo que assim como Deus levou Ezequiel para profetizar com a sua boca aos ossos secos, Ele nos levou, a mim e ao Matheus, até o apartamento para declararmos que ele seria nosso. Alguns dias depois, estávamos de mudança, subindo geladeira, cama, louças, todas as caixas com tudo o que tínhamos. E é onde moramos até hoje, nosso lar.

"Algo profético"

Chamamos essa prática de "algo profético" porque, depois do testemunho do apartamento, outros testemunhos surgiram apenas para confirmar o poder que há em dar um passo de fé e tomar posse, declarando e trazendo à existência aquilo que ainda não é visível aos olhos naturais, mesmo diante de circunstâncias contrárias. Esse episódio do apartamento foi a "visita profética", mas também tivemos o "test drive profético" — um testemunho para outra hora.

Minha amiga, Deus está constantemente nos impulsionando a proferir aquilo que desejamos ver tomar forma. Talvez, hoje, você olhe para uma área da sua vida e a veja exatamente como aquele vale para onde Ezequiel foi levado: cheio de ossos secos que de nada serviam, sem solução aos olhos naturais. Às vezes, mesmo sem querer, tem declarado ainda mais palavras de morte diante da realidade. No entanto, o Senhor a convida a abrir a sua boca e profetizar o contrário daquilo que você vê hoje com os olhos naturais.

Cultive a realidade de Deus

Assim como as palavras negativas que pronunciamos sobre quaisquer circunstâncias impactam na forma como as enfrentamos, as declarações negativas que proferimos sobre nós mesmas têm grande influência sobre a nossa autoestima, a maneira como nos enxergamos ao final do dia.

Ao longo de anos, carreguei comigo a terrível mania de me desvalorizar com as palavras que saíam da minha boca, de me autodepreciar, principalmente quando estava em uma roda de amigos e recebia algum elogio de que não me achava merecedora. Por estar constantemente declarando palavras negativas e de descontentamento sobre mim, acabava reforçando aquela "realidade" sobre minha aparência, personalidade e capacidades, sem enxergar nada além delas por um tempo. Inconscientemente, essas palavras já eram cultivadas e cada vez mais enraizadas. E eu? Bem, inconscientemente também, passei a tomá-las como verdades.

Pode ser que, assim como eu, você também tenha nutrido, por muitos anos, declarações que não se assemelham em nada à mulher que você é ou ainda deseja se tornar, ou à vida que deseja viver.

Se passamos a maior parte do tempo nos alimentando de declarações que afirmam que não somos suficientes ou inteligentes, que não alcançaremos nossos sonhos nem temos a possibilidade de termos um lar de paz e feliz, que somos inúteis e sozinhas, que nossa aparência não nos agrada, e jamais encontraremos alguém capaz de nos amar de verdade, certamente os frutos serão uma vida infeliz, pautada em baixa-autoestima e em uma realidade parecida com essas declarações.

Só conseguiremos mudar nossas declarações quando nosso pensamento e coração estiverem sendo alimentado pelas verdades. Um versículo que eu amo e no qual constantemente reflito é o que está em Filipenses 4.8, em que Paulo aconselha:

> *[...] Tudo o que é verdadeiro, tudo o que é respeitável, tudo o que é justo, tudo o que é puro, tudo o que é amável, tudo o que é de boa fama, se alguma virtude há e se algum louvor existe,* ***seja isso o que ocupe o pensamento de vocês.*** (grifo nosso)

Sim, irmã, precisamos gastar tempo ocupando nosso pensamento com essas coisas para que, então, saia da nossa boca apenas o que desejamos ver e viver. Precisamos gastar tempo trazendo à existência aquilo que ainda não existe aos olhos humanos, mas que, pela fé, cremos já ser realidade.

Outro costume que eu e o Math temos há anos, desde adolescentes, antes de nos casarmos, é o de orar agradecendo como se o que estivéssemos "pedindo" e enxergávamos pela fé já tivesse se realizado (perdi as contas de quantas vezes oramos dessa forma pela nossa festa de casamento e por várias outras coisas). Exemplo: "Senhor, nós te agradecemos por aquela viagem que o Senhor já preparou. Cremos que, se for a Tua vontade, todos os recursos necessários para realizarmos e desfrutarmos dela já foram planejados". Orar dessa forma demonstra um coração confiante e grato, antes mesmo que esse "algo" seja palpável. Orações como essa demonstram que sabemos que o declarar tem muito poder.

As palavras expressam o que cremos. No que você tem crido? O que você tem afirmado sobre si mesma e sobre quem você é? O que você tem proferido sobre o seu futuro, sobre os seus sonhos? O que você tem declarado sobre a sua casa, a sua família ou sobre as circunstâncias?

Quero que você jogue fora a ideia de "positividade", porque não é sobre isso que estamos conversando. Estamos falando do poder que há em fazer afirmações que estão em concordância com as verdades do Senhor sobre nós e para as nossas vidas.

Hoje, quero desafiá-la a avaliar o tipo de pensamentos que você tem cultivado, que tem ocupado sua mente e sua língua. Também a convido a abrir a sua boca e, pela fé, declarar o que deseja ver, aquilo que necessita de transformação. A sua palavra tem poder criativo!

Creio que, neste tempo, o Senhor está levantando mulheres que são sábias no falar; que não falam impulsivamente, mas reconhecem que as palavras ditas hoje são como sementes criando seu futuro, aquilo que irão viver.

Cultive essa chave em seu coração e em sua mente e tenha a plena convicção de que a sua jornada será repleta de boas colheitas a partir de hoje, amiga. Você desfrutará de uma autoestima renovada e uma vida muito mais leve.

Desafios práticos

- Escreva em um papel (de preferência *post-it*, para que possa colar onde você mais passa, ou então coloque no seu papel de parede do celular) três características que você ainda não enxerga, mas gostaria de ver em si mesma. Sempre que passar por ele e visualizá-lo, declare-as com suas palavras em voz alta, como um ato de trazê-las à existência.

- Sempre que perceber que está cultivando algum pensamento contrário ou que uma mentira sobre você saiu da sua boca, declare imediatamente o oposto: a verdade.

Capítulo quatro

“A forma como **enxergamos nossa identidade** nesta Terra define nossas vidas, **molda a maneira como agimos** e vivemos nossos dias, mesmo que de forma inconsciente.”

Capítulo quatro

Em 2020, bem no começo da pandemia, as aulas da faculdade de Jornalismo — que eu tinha acabado de começar — foram pausadas de repente. Com tanto tempo livre em casa, resolvi gravar vídeos no meu quarto (ainda solteira e morando com a minha mãe). Para ser bem sincera, quando comecei a postar, nunca passou pela minha cabeça que esses vídeos alcançariam tanta gente. E, em tão pouco tempo, milhares de meninas e mulheres começaram a me acompanhar todos os dias, se identificando com o que eu compartilhava. Foi algo que me surpreendeu de verdade.

Confesso que ainda parece um pouco surreal quando alguém me reconhece na rua, vem me cumprimentar e abraçar para pedir uma foto ou então só perguntar: "Você é a Quézia que grava vídeos para o Instagram? Ah, que demais, eu sigo o seu perfil!". Em seguida, dá um tchauzinho simpático e segue em frente. De fato, sinto que ganhei um presente imensurável de Deus ao pensar que, hoje, trabalho compartilhando o que eu amo na internet: a minha rotina ordinária, a Palavra, moda, meu ministério e tantas outras coisas que fazem parte da minha vida.

Quando me lembro de alguns desses momentos em que perguntaram se eu era a Quézia que gravava vídeos para a internet (só para terem certeza de que era a pessoa certa), parei para refletir sobre essa pergunta: já pensou que a maioria das pessoas nos conhece e nos define por aquilo que fazemos?

Até mesmo nós, muitas vezes, respondemos à pergunta "quem é você?" com a nossa ocupação atual, nosso cargo, nosso status, nosso estado civil. É curioso, não é? Essas são sempre as primeiras coisas que vêm à mente quando somos questionadas sobre nossa identidade; é automático. Percebe, no entanto, que tudo que usamos para responder de imediato a respeito de quem somos são coisas, em sua grande maioria, passageiras?

Creio que, nestas páginas, o que Ele quer que saibamos é que somos muito mais do que isso.

O que você faz não define quem você é

Quem você acredita que você é? Não estou falando da sua ocupação, do seu trabalho, de um talento ou de qualquer outra conquista que possa lhe rotular, mas já se perguntou "quem de fato eu sou"? Qual a identidade que você carrega por aí?

Para imergir nessa jornada em busca da nossa verdadeira identidade, é preciso assumir que, sim, talvez aquilo em que acreditamos ao longo da vida toda como parte de quem somos não seja, de fato, a "verdade verdadeira". Sei que isso pode parecer frustrante, mas acredite, torna-se algo libertador.

Será que as convicções que carregamos fielmente sobre nossa identidade não são resultado do que outras pessoas repetiram tantas vezes? Será que não são aquelas com as quais nos rotularam ao longo da nossa vida? Ou essas convicções de fato refletem quem verdadeiramente fomos criadas para ser?

Enquanto lia um dos livros que encontrei na prateleira do Matheus em nosso escritório, alguns pequenos trechos chamaram minha atenção. Tony Robbins, autor do livro *Desperte seu gigante interior*, escreve:

> Quer se veja como um "fraco", um "rebelde", um "vitorioso" ou um "alienado", vai se moldar por essas convicções.[1]

> Todos agimos em coerência com nossas opiniões de quem realmente somos, quer essa visão seja acurada (verdadeira) ou não. O motivo disso é que uma das maiores forças no organismo humano é a necessidade de coerência.[2]

E mais à frente, ele diz:

> À medida que desenvolvemos novas convicções sobre quem somos, nosso comportamento mudará para apoiar a nova identidade.[3]

Isso faz tanto sentido! A forma como enxergamos nossa identidade nesta Terra define nossas vidas, molda

---

1 Tony Robbins, *Desperte o seu gigante interior*, 2017.
2 *Ibidem.*
3 *Ibidem.*

a maneira como agimos e vivemos nossos dias, mesmo que de forma inconsciente.

Assim como aconteceu comigo, é provável que, em determinado estágio da sua vida, você tenha aceitado palavras lançadas sobre você como verdades em seu coração, as cultivado, e, assim, essas mesmas palavras tenham moldado a sua vida até este exato momento.

Pode ser que alguém tenha lhe dito que você seria incapaz de alcançar aquilo que tanto deseja, que você nunca sairia do lugar, que você é incompetente e não conseguirá realizar os sonhos que carrega, que não é bonita o suficiente, que você não está em forma o suficiente, que está velha demais para algo ou nova demais para alcançar grandes conquistas. Mas deixe-me dizer: nada disso condiz com os pensamentos ou com os planos do próprio Criador da vida ao seu respeito, minha amiga.

Qual a identidade que você carrega por aí?

Na busca por entender minha identidade, descobri que o nosso maior erro é pensar que saberemos quem somos somente olhando para nós mesmas ou para o que nos ditam que somos. Coitadinhas, é certo que acabaremos frustradas!

Quero que, neste momento, você desligue seus pensamentos que estão além dessa leitura. Pare de pensar no que vai comer no almoço ou no jantar, ou naquela tarefa doméstica que você ainda precisa finalizar hoje, e se concentre no seguinte cenário:

Imagine um belíssimo quadro pintado à mão, exposto em uma das paredes de uma famosa galeria da cidade. Enquanto você perambula pelos salões, observando demoradamente cada obra exposta, um quadro, em particular, capta sua atenção. Após alguns minutos apreciando-o, nasce o desejo de entender melhor a obra, as intenções do criador ao traçar aquele detalhe que a hipnotizou. Como cada pequena particularidade revela algo que o pintor pretendia transmitir? Inerte pela curiosidade, você avista e chama um dos curadores responsáveis pelo evento. Assim que o homem se aproxima e pergunta o que deseja, você logo passa a despejar perguntas e mais perguntas a fim de sanar suas curiosidades e entender o verdadeiro significado da obra. O curador, em silêncio, assimila suas dúvidas e então revela a você que o artista que pintara o quadro está no evento. Ele pergunta se tudo bem chamá-lo para responder diretamente às suas perguntas. Claro que você não nega! Ouvir da boca do próprio artista o que ele pensou ao criar a obra? Seu significado? Perfeito! Não poderia ser melhor, afinal, não existe ninguém mais capacitado para falar sobre sua obra do que o artista que a criou, aquele que a pensou em detalhes, que lhe deu vida e um significado, um propósito.

Será que as convicções que carregamos fielmente sobre nossa identidade não são resultado do que outras pessoas repetiram tantas vezes?

Acho que aqui você já entendeu, não é? Sim, minha irmã, você é como essa obra de arte, esse quadro especial pintado pelo maior Artista que há, o nosso Deus. E, adivinha? Ninguém pode dizer quem você é e para que foi criada a não ser Aquele que a formou.

Quando buscamos compreender nossa identidade, somente uma pessoa é capaz de ajudar nessa missão: o

Pintor que nos desenhou. Tudo o que foge daquilo que Ele diz sobre você simplesmente não a define. *Uauuuuu*, isso não é libertador?

Deixe para trás as convicções deturpadas que carregou até aqui e, desde já, compreenda em seu coração que a sua real identidade não está ligada às suas habilidades, à sua profissão, às suas condições, às suas posses nem ao seu estado civil, mas diz respeito, na verdade, à sua filiação e de onde você veio. Você é feitura d'Ele.

Filha amada

Em meio a uma reunião de domingo na minha igreja, meu pastor nos levou a refletir sobre a passagem em que Jesus é batizado. Quando o Espírito Santo repousa sobre Ele em forma de pomba, os céus se abrem, e a voz de Deus ressoa, chamando Jesus de Seu Filho amado (cf. Mateus 3.13-17).

A passagem é poderosa por si só, mas o pastor chamou a nossa atenção para o fato curioso de que, até aquele momento, Jesus ainda não havia feito nenhum milagre quando ouviu a voz de Deus dizendo que Ele é o Filho amado. Seu primeiro milagre aconteceu somente depois.

Isso ministrou tanto ao meu coração, porque lemos constantemente na Bíblia a verdade de que não podemos fazer nada para sermos mais ou menos amadas por Deus; Ele simplesmente nos ama.

Da mesma forma que, antes de Jesus realizar algo grandioso, o Senhor já declarava Sua identidade, chamando-O de Filho amado, hoje, Ele a chama de filha amada na qual Ele se compraz.

Sim, diferente de Jesus, nós não merecíamos, mas pelo sacrifício de Cristo na cruz, temos o poder de sermos chamadas filhas de Deus. Por meio dessa linda Graça, ganhamos um presente imerecido.

> *Mas a todos quanto o receberam deu-lhes o poder de serem feitos filhos de Deus, a saber, aos que creem no seu nome.* (João 1.12)

No início da minha caminhada com Jesus, custei a entender que o meu passado não me definia, que eu não dependia da minha performance para ser amada por Deus.

Há um trecho que amo de uma leitura que grifei em lágrimas faz alguns anos:

> Nós fomos criadas para receber nosso valor do nosso relacionamento com nosso Criador e Pai. Não havíamos realizado nada ainda quando nosso Criador olhou para nós e, admirado, expressou: "Isso é muito bom!". O maior valor que poderíamos ter vem da admiração do Criador ao nos criar à sua imagem e semelhança e nos dar uma função na sua criação. Ele olhou para nós, seres humanos, e disse que éramos a mais admirável das coisas criadas.[4]

É impossível que a sua identidade e o seu valor sejam conquistados simplesmente pelo que você pode fazer quando eles já foram definidos pelo Criador, minha amiga, e isso não pode mudar.

---

[4] Luiza Agreste Nazareth, *Livre, leve e forte*, 2021, p. 33.

Um convite inesperado

Nasci em uma família cristã, indo e participando de todos os cultos de domingo, decorando e recitando salmos no microfone com as outras crianças. Até que, aos sete anos, meus pais se separaram, e passei a ir com menos frequência. No entanto, posso dizer que só conheci Quem era Jesus por volta dos meus quinze anos.

Aos quinze, eu era uma adolescente que carregava alguns traumas, inseguranças, carências e medos. Havia visto e vivido situações que moldaram meu comportamento e minhas crenças. Por um curto período, afastei-me de Deus, frustrada e tentando desesperadamente preencher aquele vazio. Pensava que aquela sensação nunca desapareceria. Ela não passava no dia seguinte, quando eu mentia dizendo que dormiria na casa da minha melhor amiga quando, na verdade, ia encontrar alguns amigos para beber e ouvir música até de madrugada. Esse sentimento também não sumia quando, na tentativa de finalmente encontrar algo que me preenchesse, não guardava meu coração, entregando-o a qualquer garoto que me desse a mínima atenção e falasse algumas palavras bonitinhas.

Preciso ser vulnerável e real com você: infelizmente, não tenho um passado perfeito, isento de manchas, como alguém que nasceu e cresceu na igreja sem nunca desviar seus olhos de Jesus. Contudo, posso afirmar que tudo começou a mudar na minha vida em um dia aleatório, no meio da semana, em 2016.

Lembro como se fosse ontem. Naquele dia, fui até a casa da minha melhor amiga na época, com a intenção de passarmos a tarde tomando uma garrafa de bebida alcoólica que havíamos conseguido comprar. Não era nada diferente do que costumávamos fazer, até que algo inesperado aconteceu.

Nessa tarde, estávamos as três conversando no sofá — nós duas e outra amiga em comum — até que a dona da casa decidiu abrir a garrafa e ofereceu a essa outra menina, que recusou, dizendo que havia parado de beber.

Ficamos surpresas com a resposta dela; não era algo que estávamos esperando. Lembro-me de perguntarmos o motivo dessa mudança repentina, e, enquanto ela respondia, senti como se uma sementinha estivesse sendo plantada em mim. Ela nos contou que não fazia mais sentido para ela continuar bebendo. Havia participado de um retiro da sua igreja, passado um fim de semana em um Encontro com Deus e, desde então, muitas coisas haviam mudado em sua vida. Preciso acrescentar que, até aquele momento, eu não sabia o que significava esse tal de "Encontro com Deus". Mesmo assim, fiquei tocada pela forma como ela falava de tudo que tinha vivido, com tanta paixão nos olhos, uma leveza e um brilho diferente.

Alguns dias depois, recebi um convite. Essa mesma amiga me chamou e perguntou se eu toparia participar de um Encontro com Deus, que aconteceria dentro de algumas semanas. Disse que gostaria muito de pagar para que eu fosse, pois queria que eu vivenciasse aquele fim de semana, assim como ela.

Sempre que me lembro da minha reação diante da pergunta, me surpreendo. Vamos lá, recapitulando: eu era uma adolescente tímida, certo? O normal para mim era sentir pânico só de pensar em estar entre pessoas desconhecidas, que eu nunca tinha visto. Naquele dia, porém, algo foi diferente.

De certa forma, senti que aquela poderia ser a oportunidade de que, finalmente, algo mudasse dentro de mim. Não sabia exatamente o que era, mas havia uma expectativa crescente no meu coração. Queria poder falar com tanta paixão e certeza como minha amiga falara naquele dia, enquanto estávamos sentadas no sofá, e eu segurava uma garrafa de bebida nas mãos.

No dia em que recebi o convite, disse "sim" de imediato. Não passou pela minha cabeça negar ou inventar qualquer desculpa para não ir. Eu queria muito participar, e bem... eu fui. Nem se eu quisesse conseguiria descrever em palavras o que foi aquele final de semana para mim, mas posso afirmar que foi quando tive minha primeira experiência com Deus, e Ele marcou a minha vida para sempre.

Tudo novo de novo

Bom, tenho certeza de que você já entendeu que, a partir daquele fim de semana, Deus iniciou um lindo e longo processo de restauração na minha identidade. Ele me mostrou que agora eu já não era a mais a mesma Quézia que carregava consigo aquela sensação de vazio, aquele anseio desesperado por se sentir completa. Agora, depois de tantas tentativas frustradas, eu havia encontrado o Único capaz de me preencher e me transbordar.

Podemos passar uma vida inteira longe d'Ele, tentando encontrar satisfação em relacionamentos amorosos, amizades, sucesso, dinheiro, bebida, fama, faculdade, cargos... No entanto, nada disso pode nos preencher.

Fomos criadas para nos satisfazer somente n'Ele, em um relacionamento íntimo e real com o nosso Salvador.

Certa vez, o meu pastor disse algo sobre satisfação, fazendo referência à passagem da mulher samaritana, que me marcou profundamente:

> "O mundo apenas aumenta nossa sede; estamos sempre querendo mais, nunca plenamente satisfeitos. Contudo, somente a água que o Senhor nos oferece é capaz de saciar essa sede e esse anseio profundo de sermos verdadeiramente preenchidos."

É isso! Somente Ele é capaz de nos preencher verdadeiramente. Eu amo que, em Colossenses 2.9-10, a Bíblia diz que em Cristo habita toda a plenitude de Deus. Então, agora que estamos n'Ele (uma vez que cremos com o coração e confessamos com nossa a boca que Ele é o Senhor e Salvador das nossas vidas), também recebemos a plenitude, porque Ele é completo.

Isso não é algo que alcançamos por esforço, mas que vem somente pelo crer. Se cremos, recebemos, por meio da Graça, toda a Sua plenitude.

Naquele fim de semana intenso e transformador, Deus mostrou que tinha um plano diferente para a minha vida. Não importava mais o que eu havia feito no passado, todos os erros que eu havia cometido; agora, eu havia re cebido uma nova identidade: eu era filha, filha amada, filha do Dono do mundo. Afinal, "as coisas antigas se passaram; eis que se fizeram novas" (2 Coríntios 5.17).

Não somos definidas por nossas falhas, imperfeições ou pelas opiniões dos outros, mas pela Graça redentora de Deus em nossas vidas.

Um dia, enquanto rolava o feed, me deparei com uma frase atribuída a C. S. Lewis que dizia: "Você não pode voltar atrás e mudar o começo, mas pode começar onde está e mudar o final". É isso! A partir do momento em que renunciamos ao controle e a todas as falsas convicções que carregávamos, nosso presente se torna o ponto de partida ideal para um futuro diferente e incrível com Deus, que afirma: "Eis que faço uma coisa nova. Agora mesmo ela está saindo à luz. Será que vocês não o percebem?" (Isaías 43.19).

Se entendemos que somente Ele, o Artista que nos criou, é capaz de dizer com convicção quem fomos criadas para ser e qual identidade carregamos, como podemos acessar o que Ele pensa e já decretou sobre nós?

Simples: por meio da Sua Palavra — sim, a Bíblia. Quando estamos diante das verdades do Senhor, somos libertos das mentiras que um dia criamos. Nossa mente é renovada para que sejamos capazes de experimentar e comprovar a boa, agradável e perfeita vontade de Deus para nossas vidas (cf. Romanos 12.2).

Hebreus 4.12 também revela que a Palavra de Deus é viva e eficaz. Portanto, ao nos deleitarmos nela, simplesmente não há possibilidade de continuarmos as mesmas. Há sempre algo precioso que o Senhor nos entrega e imprime em nosso coração. Ah, esse Deus!!!

Perdi a conta de quantas vezes, com lágrimas nos olhos, lendo as Escrituras, trancada em meu quarto, busquei me lembrar de quem eu era. Em meio a dias frustrantes, quando o pânico me tomava, ou quando eu simplesmente não conseguia enxergar a mim mesma como Ele me via, meu refúgio certeiro era — e continua sendo — a Palavra.

Eu sabia que não existia a probabilidade de não me sentir afagada pelos braços do Pai enquanto corria meus olhos por aquelas páginas e lia todas aquelas palavras a meu respeito. Ah, minha amiga, há tantas e tantas verdades que Deus fez questão de eternizar na Palavra sobre quem somos e o que Ele tem para nossas vidas. Há tantas verdades apenas esperando para serem acessadas.

Recordo-me de que, quando criança, frequentava todos os cultos de jovens nos domingos pela manhã. Os primeiros versículos bíblicos que decorei para recitar em frente à igreja, no altar (costume da denominação que eu frequentava) foram de Salmos 121. Devo dizer que, por esse motivo, até hoje esse salmo é o mais especial para mim, porque me acompanhou ao longo da vida. Mesmo tão pequena, já tinha consciência de que o teria pronto nos lábios sempre que precisasse lembrar que eu tinha a quem recorrer e que não havia o que temer pois existia Alguém me guardando de dia e de noite.

A Palavra — esclarecedora, poderosa e transformadora — é nossa arma para lutar nos dias difíceis; ela nos conhece e permite que conheçamos a nós mesmas.

Se você deseja afirmar com convicção quem você de fato é, declare as Escrituras.

Há um tempo, decidi fazer algo diferente: separei um tempo para buscar na Bíblia aquilo que ela dizia a meu respeito. Comecei a anotar as verdades escancaradas sobre mim em um papel, bem como as referências bíblicas. Resultado: sempre que eu precisasse trazer de volta à memória quem eu era e o que o Senhor tem para mim, uma lista cheinha de declarações estaria ali para reafirmar minha identidade em momentos em que o chão parecesse instável sob meus pés.

Pode ser que, em alguns momentos, você se esqueça da sua identidade, mas a Bíblia sempre estará aí para lembrá-la. E, detalhe: a Palavra não muda: "Passará o céu e a terra, porém as minhas palavras não passarão" (Mateus 24.35).

Assim como essa simples — mas poderosa — lista foi e é minha companheira, desejo que ela também seja a sua. Por isso, abra seu coração e deixe que as seguintes declarações encontrem um solo fértil em você.

- "Eu sou obra de Deus e criada à Sua imagem e semelhança"

  Pois somos feitura dele, criados em Cristo Jesus para boas obras, as quais Deus de antemão preparou para que andássemos nelas. (Efésios 2.10)

  Assim Deus criou o ser humano à sua imagem, à imagem de Deus o criou; homem e mulher os criou. (Gênesis 1.27)

- "Eu sou filha de Deus"

  Vejam que grande amor o Pai nos tem concedido, a ponto de sermos chamados filhos de Deus; e, de fato, somos filhos de Deus. Por essa razão, o mundo não nos conhece, porque não o conheceu. Amados, agora somos filhos de Deus, mas ainda não se manifestou o que haveremos de ser. Sabemos que, quando ele se manifestar, seremos semelhantes a ele, porque haveremos de vê-lo como ele é. (1 João 3.1-2)

- "Eu nunca estarei sozinha"

  O Senhor é quem irá à sua frente. Ele estará com você, não o deixará, nem o abandonará. Não tenha medo, nem fique assustado. (Deuteronômio 31.8)

- "Deus jamais me abandonará"

  Que a vida de vocês seja isenta de avareza. Contentem-se com as coisas que vocês têm, porque Deus disse: "De maneira alguma deixarei você, nunca jamais o abandonarei." (Hebreus 13.5)

- "De modo admirável e maravilhoso eu fui feita — eu sou valiosa"

  Graças te dou, visto que de modo assombrosamente maravilhoso me formaste; as tuas obras são admiráveis, e a minha alma o sabe muito bem. (Salmos 139.14)

- "Meu passado não me define"

  E, assim, se alguém está em Cristo, é nova criatura; as coisas antigas já passaram; eis que se fizeram novas. (2 Coríntios 5.17)

- "Deus tem um bom futuro para mim"

  Eu é que sei que pensamentos tenho a respeito de vocês", diz o Senhor. "São pensamentos de paz e não de mal, para dar-lhes um futuro e uma esperança. (Jeremias 29.11)

- "Eu sou vitoriosa em Cristo"

  Em todas estas coisas, porém, somos mais que vencedores, por meio daquele que nos amou. (Romanos 8.37)

- "Eu sou luz por onde passo"

  — Porque, se perdoarem aos outros as ofensas deles, também o Pai de vocês, que está no céu, perdoará vocês; se, porém, não perdoarem aos outros as ofensas deles, também o Pai de vocês não perdoará as ofensas de vocês. — Quando vocês jejuarem, não fiquem com uma aparência triste, como os hipócritas; porque desfiguram o rosto a fim de parecer aos outros que estão jejuando. Em verdade lhes digo que eles já receberam a sua recompensa. (Mateus 6.14-16)

- "Eu sou amada por Deus"

  Nisto consiste o amor: não em que nós tenhamos amado a Deus, mas em que ele nos amou e enviou o seu Filho como propiciação pelos nossos pecados. (1 João 4.10)

- "Eu sou escolhida"

  De longe o Senhor lhe apareceu, dizendo: "Com amor eterno eu a amei; por isso, com bondade a atraí. (Jeremias 31.3)

  Antes de formá-lo no ventre materno, eu já o conhecia; e, antes de você nascer, eu o consagrei e constituí profeta às nações. (Jeremias 1.5)

- "Eu sou amiga de Jesus"

  Já não chamo vocês de servos, porque o servo não sabe o que o seu senhor faz; mas tenho chamado vocês de amigos, porque tudo o que ouvi de meu Pai eu lhes dei a conhecer. (João 15.15)

- "Eu sou protegida"

  Sabemos que todo aquele que é nascido de Deus não vive em pecado, porque quem é nascido de Deus guarda a si mesmo, e o Maligno não pode tocar nele. (1 João 5.18)

- "Eu sou completa em Cristo e tenho tudo de que eu preciso"

  Porque nele habita corporalmente toda a plenitude da divindade. Também, nele, vocês receberam a plenitude. Ele é o cabeça de todo principado e potestade. (Colossenses 2.9-10)

  Simão Pedro, servo e apóstolo de Jesus Cristo, aos que conosco obtiveram fé igualmente preciosa na justiça do nosso Deus e Salvador Jesus Cristo. Que a graça e a paz lhes sejam multiplicadas, no pleno conhecimento de Deus e de Jesus, nosso Senhor. Pelo poder de Deus nos foram concedidas todas as coisas que conduzem à vida e à piedade, pelo pleno conhecimento daquele que nos chamou para a sua própria glória e virtude. (2 Pedro 1.3)

Uma curiosidade sobre mim é que amo ler (acho que você provavelmente já deve ter notado). Entretanto, algo que talvez não saiba (a não ser que me acompanhe nas redes sociais) é que gosto de fazer isso enquanto estou na esteira ou na bicicleta da academia. Costumo finalizar quase todo treino fazendo cárdio, e a leitura ajuda muito a me distrair do exercício sem perceber o tempo passar, já que me envolvo profundamente nas páginas.

Em um dia ordinário, enquanto lia algumas páginas do livro *Deixe-me ser mulher*, da autora Elisabeth Elliot, fui cativada por uma de suas reflexões: "Não se pode fazer uso adequado de algo a menos que saiba para o que aquilo foi feito". Diz se isso não é extremamente verdadeiro?

Pensa comigo em um exemplo bobo, mas esclarecedor: se compramos uma mala maravilhosa, a mais linda que já vimos, e a levamos para casa, mas não sabemos para que ela serve, para qual finalidade foi criada, você concorda comigo que logo não conseguiremos usufruir adequadamente dela? Acabaríamos deixando-a num canto de enfeite, sem utilidade, por desconhecer que sua identidade é comportar coisas dentro de si. Mas, se a adquirimos já sabendo para o que ela foi criada, aproveitaremos ao máximo.

Da mesma forma acontece conosco. Se não sabemos quem somos e para o que fomos criadas, como poderemos usufruir adequadamente da dádiva da vida que nos foi concedida pelo Criador? Portanto, que sejamos mulheres que buscam incansavelmente firmar nossa identidade na Verdade para vivermos uma vida com propósito, significado e prazer.

"A **Bíblia** era nossa **lembrança** constante das **promessas que Deus** já havia feito antes mesmo de **decidirmos nos casar.**"

Decida crer e abraçar as verdades irrevogáveis sobre quem você é, minha irmã, e tenha a plena certeza de que tudo muda quando começamos a caminhar com uma identidade firmada.

Desafio *prático*

Eu a encorajo a separar alguns minutos para anotar essas verdades sobre você em uma listinha e deixá-la sempre em um mesmo lugar. Seja intencional em acessá-la sempre que necessário.

Capítul
cinco

Capítulo cinco

> Nosso coração é como um instrumento que se desafinou. A adoração nos afina novamente, coloca nossas cordas em ordem e nos ajuda a fazer um som agradável mais uma vez. [1]

Avançando um pouco na história da minha vida, em setembro de 2021, com vinte anos, eu me casei com o meu melhor amigo. Devo dizer que sim, meu casamento foi um dos pontos altos da minha vida até agora. Não poderia ser diferente, afinal, desde muito jovem, eu sonhava com o dia em que encontraria alguém incrível com quem compartilharia o resto da vida, que seria aquele para quem eu diria meu único "sim". E, bem, eu o encontrei. Conheci-o quando ambos estávamos prestes a completar 17 anos. Namoramos por dois anos e ficamos noivos por mais um, até que finalmente nos casamos.

Era isto que eu idealizava: em uma bela tarde de primavera, eu sentiria a grama verde de um lindo jardim sob meus pés, vestiria o vestido branco dos sonhos,

1 Nancy Wilson, *Contentamento,* 2018, p. 90.

desenhado para mim, e finalmente encontraria os olhos marejados que me esperavam ao fim do corredor de cadeiras — aqueles olhos que, por anos, sonhei em olhar num momento como aquele. No entanto, preciso contar que, até a chegada desse dia, passamos por alguns processos durante o noivado, claro.

Se ainda não chegou seu tempo de viver a experiência do casamento, deixe-me dizer: preparar uma festa de casamento é uma tarefa desafiadora, deliciosa e única, especialmente quando se tem dezenove anos e ainda está vivenciando tantas primeiras experiências.

Durante os preparativos, entre escolher os docinhos, contratar buffet, fechar com músicos, decidir a decoração, buscar inspirações no Pinterest para a maquiagem, definir as lembrancinhas, ir às provas do vestido, acompanhar as atualizações da obra do apartamento e pensar em cada mínimo detalhe da festa, posso dizer que o Math e eu aprendemos a depender de Deus e da Sua Palavra como nunca antes.

Em um dos capítulos anteriores da minha vida, contei que eu acreditava precisar carregar uma armadura, uma daquelas imaginárias, que momentaneamente me dava a falsa sensação de proteção, lembra? Bem, anos depois, fui descobrir que o escudo mais poderoso (e o único que, de fato, é eficaz) sempre esteve disponível para mim em forma de páginas cuidadosamente escritas e inspiradas pelo meu Pai: a Sua Palavra. Quero contar um pouco sobre isso.

Foi alimentando-me dessa Palavra que, finalmente, as vendas que cobriam os meus olhos foram removidas, as máscaras que, por anos, insisti em usar caíram, e, por fim, a armadura que eu carregava a fim de me esconder foi substituída pela certa.

Você deve estar se perguntando: "como assim substituídas?" Sim, mulher!!! Efésios 6.13 passou a ser o lembrete de que eu só precisava trocar as minhas armaduras pela correta:

> *Por isso, peguem toda a armadura de Deus, para que vocês possam resistir no dia mau e, depois de terem vencido tudo, permanecer inabaláveis.*

Lembro-me dos dias em que, com o tanque de fé quase vazio e com medo, um de nós (o Math ou eu) encontrava-se cheio de preocupações com tantos detalhes dos quais ainda precisávamos dar conta no pré-casamento. É muito curioso perceber que nunca enfrentávamos ocasiões como essa ao mesmo tempo. Decido acreditar que o Senhor não permitiria que isso acontecesse. E por quê?

Geralmente, quando o Math ou eu passávamos por um dia difícil, o outro sempre estava pronto para declarar a Palavra. A Bíblia era nossa lembrança constante das promessas que Deus já havia feito antes mesmo de decidirmos nos casar. Sempre havia um momento em que dizíamos: "Tá legal, você está com medo disso, disso e disso. Eu entendo, mas, olha, lembre-se do que Deus já nos falou a respeito dessas coisas. A Bíblia fala que..." E então, surgiam os mais diversos versículos que

As vendas que cobriam os meus olhos foram removidas, as máscaras que, por anos, insisti em usar caíram.

carregávamos conosco como armas contra a incredulidade, a desesperança, a insegurança e o medo.

Minha irmã, apenas um parêntese: oro para que você encontre alguém que, nos dias difíceis, a lembre das palavras de Deus, e que seja capaz de trazer à sua memória aquilo que Ele prometeu quando você se esquecer. Agora, voltando...

No fim das contas, tivemos o casamento dos nossos sonhos, como Deus havia prometido. Na verdade, foi muito melhor do que havíamos sonhado, para ser bem sincera. Eu poderia passar páginas e mais páginas apenas relatando os testemunhos que temos desse período do noivado, da provisão de Deus em todas as áreas — especialmente na financeira —, do Seu cuidado em cada detalhe — até mesmo nas pequenas decorações que Ele sabia que queríamos. Ele Se mostrou um Pai tão fiel, como sempre.

No entanto, ainda há outro detalhe que quero enfatizar. Vamos lá.

Hoje, aos vinte e três anos, devo dizer que nada mudou. Os dias difíceis ainda existem e aparecem vez ou outra. São períodos em que um precisa urgentemente ser lembrado pelo outro da Verdade e das promessas a fim de que seu tanque de fé seja reabastecido pela Palavra.

No início de 2024, passamos por um momento bem tenso. Era uma tarde de verão, e eu me encontrava na sala de casa, imaginando que o Matheus estava no nosso quarto ou trabalhando no escritório, que fica do outro lado do apartamento.

De repente, ouvi um som de choro, que ficava cada vez mais alto. Lembro-me de correr em direção ao cômodo de onde eu imaginava estar vindo, abrir a porta do nosso quarto e encontrar o Math sentado no chão, ao pé da cama, chorando com o rosto apoiado em seus joelhos. Entrei em pânico por dentro, porque, para deixar claro, foram raras as vezes em que o vi chorar. Talvez por parte do seu temperamento fleumático que não é muito propenso a demonstrar emoções, ele raramente chora — pelo menos, não dessa forma em que o encontrei naquele dia.

Os dias difíceis ainda existem e aparecem vez ou outra.

Ajoelhei-me à sua frente e perguntei o que havia acontecido. Confesso que a primeira coisa que passou pela minha mente foi que algum parente próximo havia falecido ou algo do tipo. Enquanto ele não conseguia me responder por causa do choro, eu apenas o abraçava. Após alguns segundos, ainda em meio às lágrimas, ele se afastou do abraço e contou o que havia acontecido: um grande cliente, que na época era essencial para mantermos o padrão de vida mais estável e tranquilo de que estávamos desfrutando, acabara de dizer que gostaria de encerrar seu trabalho com ele.

Entendi o desespero. Era o maior cliente que ele tinha, e o Matheus apostava todas suas fichas na continuidade do trabalho, confiando que aquele dinheiro seria certo por muito mais tempo. Aquela notícia veio como uma grande e má surpresa, trazendo à tona questões como: "O que faremos para contornar a situação? Como continuaremos no apartamento para o qual nos mudamos há poucos meses e que tanto amamos?".

Para que você entenda como Deus trabalha nesses momentos de aflição, prazer, sou Quézia e meu temperamento é sanguíneo. Diferente do Math, sou uma pessoa muito expressiva, com tendência a me preocupar em excesso, nem sempre muito calma, às vezes impulsiva e um pouco dramática. Naquele momento, porém, parece que Deus me moveu com muito cuidado e tranquilidade — algo que, em outro caso semelhante, provavelmente não teria acontecido.

Mesmo presenciando meu marido em pânico e, por mais que também houvesse um turbilhão de emoções dentro de mim, permaneci serena, calma. Lembro que o abracei mais uma vez e declarei, com coragem e com a voz firme, Romanos 8.28: "Tudo coopera para o bem daqueles que amam a Deus".

Eu sabia que, de alguma forma, tudo se ajeitaria e que, mesmo diante daquela circunstância assustadora e instável, tínhamos um Deus que não nos desampararia. E, acredite, Ele não nos abandonou mesmo. Dias depois, o Math começou a fechar um cliente atrás do outro. Ele vinha sorrindo me contar: "Amor, fechei mais um, glória a Deus". Em pouco tempo, já havíamos recuperado o que tínhamos perdido com aquele contrato encerrado. Tínhamos consciência de que isso não resultava da nossa capacidade, mas era fruto do Deus que faz, visto que tudo coopera para o nosso bem — até os desertos que atravessamos de vez em quando. E devo dizer que aquele contrato rompido serviu para que o Matheus crescesse muito na sua área. Surreal, não é?

Precisamos conhecer a Palavra. Ela deve estar pronta nos nossos lábios, engatilhada para ser declarada, a fim de gerar fé e nos lembrar do que podemos nos esquecer em momentos como esse.

Eu amo que, em Efésios 6, o Apóstolo Paulo lista para nós quais são as partes dessa armadura a que devemos nos apegar. Ele as apresenta por meio de uma analogia com o cinto, o peitoral, os calçados, o escudo, o capacete e a espada:

> *Portanto, fiquem firmes, cingindo-se com a* ***verdade*** *e vestindo a* ***couraça da justiça****. Tenham os pés calçados com a preparação do* ***evangelho*** *da paz, segurando sempre o* ***escudo da fé****, com o qual poderão apagar todos os dardos inflamados do Maligno. Usem também o* ***capacete da salvação*** *e a* ***espada*** *do Espírito, que é* ***a palavra de Deus****.* (vs. 14-17 – grifos nossos)

Recentemente, deparei-me com um trecho de uma leitura e acho que ela explica muito bem por que a Palavra é nosso escudo e (na minha opinião) a armadura mais poderosa que temos:

> **Enquanto você e eu extraímos regularmente o alimento necessário da Palavra de Deus, Ele cria em nós um reservatório de esperança e força nele. Então, quando os tempos forem ásperos, nós não estaremos vazias.** Não secaremos, não nos despedaçaremos, não morreremos. Não nos faltará nutrimento, não ruiremos, esvaziaremos ou desistiremos. Em vez disso, **simplesmente saberemos buscar nosso reservatório secreto de alimento e dali tirar o que Deus nos tem dado, o que precisamos naquele momento.** Estaremos preparadas para ir "de força em força". (Salmos 84.7)[2]

2 Elizabeth George, *Uma mulher segundo o coração de Deus*, 2013, p. 30 (grifos nossos).

Logo à frente, a mesma autora narra que passou por um momento muito difícil quando descobriu a doença de sua sogra e precisou acompanhá-la sozinha no hospital, sem seu marido, já que ele estava em uma viagem internacional. Elizabeth fala que, enquanto cuidava da sua sogra, não teve outra opção senão buscar seu reservatório de esperança:

> E **o que achei armazenado ali**? Como evidência da graça maravilhosa de Deus, **achei força em muitas passagens da Bíblia que tinha memorizado durante os anos.** Recebi energia espiritual dos salmos lidos, estudados e recitados nas horas matinais (e silenciosas) a sós com Deus.[3]

Esse é o superpoder da Palavra! Quando estamos enraizadas em Deus e buscamos suprimento diário nas Escrituras (ah, como eu amo a Palavra!), as circunstâncias podem até se mostrar desafiadoras: a tempestade pode se levantar, pensamentos ruins podem vir, a falta de esperança brotar, os dardos inflamados do Diabo podem nos atingir. Ainda assim, esses obstáculos certamente serão destruídos e cessados quando recorremos ao nosso reservatório, construído nos dias ordinários em que, por minutos ou horas, passamos debruçadas sobre as Escrituras. Nessas ocasiões difíceis, então, usamos o que temos armazenado. É o que o Math e eu costumamos fazer, e o que coloquei em prática logo no início da minha jornada de autodescoberta quando recém-convertida:

---

3 *Ibidem.*

> Raízes profundas nas verdades de Deus são definitivamente necessárias como reservas para os tempos tempestuosos![4]

Conhecer a Palavra aos poucos também foi essencial para que eu saísse do buraco da autodepreciação, onde eu me encontrava antes de chegar ao melhor capítulo da minha vida — o encontro com Jesus. Como contei no capítulo anterior, a Bíblia mostrou quem eu de fato sou.

Meus dias mudaram quando compreendi que, por meio das Escrituras, venço meus inimigos, sejam quais forem. Ela é a arma pela qual obtenho vitória sobre a autossabotagem, o medo, a baixa autoestima, as inseguranças, a vergonha, a ansiedade, a autodepreciação, os pecados de estimação, a ausência de esperança, os traumas, a falta de identidade e propósito, o vazio, a tristeza, a dor... A Palavra de Deus é suficiente para transformar as circunstâncias quando aplicada em cada uma delas. Costumo dizer que se alimentar dela é crucial para vivermos os nossos dias nesta Terra, lutando contra nossos inimigos. Essa é uma verdade irrevogável.

No entanto, sei que não é confortável e fácil manter uma vida de constante leitura da Bíblia. Vivi esse desafio na pele e, até hoje, esforço-me nessa jornada, para ser bem sincera com você.

Às vezes, somos movidas pelos sentimentos: se sinto vontade de ler a Bíblia, eu leio; se, em determinado momento, quero conversar com Deus em oração, converso; se tenho vontade de congregar na igreja aos domingos,

---

[4] Elizabeth George, *Uma mulher segundo o coração de Deus*, 2013, p. 31.

eu congrego. A verdade, entretanto, é que nosso combustível deve ser a convicção de que não existe nada mais valioso e precioso que estar com Ele; essa precisa ser a maior prioridade de nossos dias.

Normalmente, ao planejarmos nossa rotina, temos o costume de deixar o tempo com o Senhor para mais tarde, quando sobra uns minutinhos no dia, depois de terminarmos algo importante. Pensamos: "Ah, depois de fazer isso, isso e isso, poderei ler a Bíblia". Isso quando, em meio à correria das tarefas diárias, nem sequer conseguimos reservar um momento para Ele, não é? Escrevo essas palavras tanto para você quanto para mim mesma. Não é sempre que dou ao Senhor a devida prioridade que Ele merece, mas quando percebo que estou falhando em escolher a "boa parte", recalculo a rota para adequá-la na melhor hora.

Isso me lembra muito da passagem em que Jesus vai até a casa das irmãs Marta e Maria, também irmãs de um grande amigo Seu, Lázaro. O capítulo de Lucas 10, a partir do versículo 38, narra que enquanto Cristo estava liberando algumas palavras de ensino naquele dia, Maria estava sentada aos Seus pés, ouvindo-O com cuidado. Já Marta, sua irmã, mostrou-se preocupada demais em arrumar o ambiente e finalizar as tarefas domésticas em vez de colocar-se, como Maria, próxima de Jesus e atenta às Suas palavras. Claro que Marta queria que o local estivesse organizado para receber o Messias ali, mas ela acabou envolvendo-se mais que o necessário nos afazeres domésticos e deixando de receber daquilo que Jesus estava transbordando aos que O ouviam.

Em certo momento, Marta ficou indignada por sua irmã estar sentada quando também deveria estar ajeitando a casa. Então decide interromper Jesus e lhe perguntar se Ele não se importava com o fato de sua irmã tê-la deixado sozinha para servir, e pede ao Mestre que ordene que Maria se levante para ajudá-la.

Acho magnífica a resposta de Jesus à Marta, porque ela fala muito comigo também:

> *Marta! Marta! Você anda inquieta e se preocupa com muitas coisas, mas apenas uma é necessária. Maria escolheu a boa parte, e esta não lhe será tirada.* (Lucas 10.41-42)

Não me entenda mal! Não é errado buscarmos ser excelentes em nossos afazeres, sejam os domésticos, acadêmicos, profissionais etc. A própria Palavra nos encoraja a cuidar com zelo daquilo que nos foi confiado, fazendo todas as coisas como para o Senhor (cf. Colossenses 3.23). No entanto, precisamos discernir o momento de executá-las. É fundamental perceber a importância de ter um tempo com Deus antes de todas as demais coisas, de escolhermos a boa parte. Que isso venha em primeiro lugar nas nossas vidas, e que, assim como Maria, escolhamos estar aos pés de Jesus, pois, como Ele mesmo disse, isso é o necessário. O que recebemos nesses momentos jamais nos será tirado, mas ecoará pelo resto das nossas vidas.

Maria foi aquela que entendeu que era importante colocar as coisas secundárias de lado para concentrar-se no Senhor, pois de nada valeria estar ocupada fazendo coisas **para** Jesus sem ter tempo **com** Ele.

Eu precisei — e ainda preciso — ser intencional em firmar o compromisso diário e inegociável de desfrutar de um momento a sós com Deus. Parar tudo e contemplá-lO, sem levar em conta se estou disposta ou não. Sei que nunca me encontrarei decepcionada por ter reservado aquele tempo com Ele; muito pelo contrário, sempre saio mais animada, revigorada, capacitada e com ainda mais força para realizar as tarefas cotidianas que dependem de mim.

Em busca de apropriar-me diariamente de quem fui chamada para ser, encontrei muita luz na sabedoria das Escrituras. Durante esse processo, fui muito abraçada, acalentada, fortalecida e edificada nos momentos de oração com o Senhor; conversas sinceras em que, às vezes, Ele me ouvia tagarelando sem parar; em outras, era mais como se desfrutássemos do silêncio.

Oração

Voltemos para Efésios 6: logo após Paulo nos apresentar a armadura de Deus, encontramos um versículo que nos instrui a orarmos em todo tempo, no Espírito, com todo tipo de oração e súplica. Lendo a seção de comentários na minha Bíblia de estudos relacionada a esse versículo, encontrei uma reflexão simples, mas muito poderosa, a respeito da oração, que dizia:

> Orem. A oração não é uma outra parte da armadura, mas a forma pela qual os que creem tomam posse da armadura de Deus e ficam firmes.[5]

Lembro-me de ter lido e relido algumas vezes esse comentário, escrito em letras miúdas ao fim da página, e,

---

5 Bíblia de estudo Thomas Nelson, 2023, p. 2287.

então, pausei minha leitura a fim de refletir sobre o que acabara de ler.

Quer dizer que não bastava apenas saber quais eram as partes da armadura que me ajudariam a passar pelos dias maus e a lutar contra meus inimigos. Sem a oração, não seria possível apropriar-me devidamente delas.

Após alguns minutos em silêncio, minha imaginação me levou a criar uma cena. Perdoe-me se parecer viagem demais para você, mas vou compartilhá-la mesmo assim, *hahaha*.

Nessa cena, assim que me ajoelhava ao lado da cama e iniciava minha oração, eu era transportada automaticamente para um novo cenário. Eu entrava em um cômodo de paredes brancas, e meus olhos eram diretamente conduzidos a uma estante que ia do chão ao teto, composta de várias prateleiras que abrigavam alguns objetos. Poucos segundos depois, um homem entrava, com um sorriso simpático nos lábios, e se colocava diante dela, perguntando o que eu gostaria de pegar das prateleiras, pois ele as entregaria em minhas mãos.

Vi-me pedindo pelas partes da armadura de que eu precisava no momento e, conforme as nomeava e apontava, ele vinha e as depositava em minhas mãos estendidas.

Sinto que a oração tem esse poder de transportar-nos para um lugar de intimidade com Deus, onde Ele já nos espera com tudo pronto e disponível em Sua estante de provisão, animado para oferecer, de graça, aquilo que Ele já sabe que necessitamos. Contudo, precisamos pedir a Ele que nos entregue em mãos. Às vezes, só temos de entrar nesse cômodo para recuperar o escudo da fé que perdemos no caminho; em outras, necessitamos de um novo cinto da verdade, mais apertado, que nos faça crescer em convicção... ainda há ocasiões em que só precisamos de uma coisinha ou outra. De qualquer forma, o Senhor sempre estará lá, disposto e pronto a nos entregar com alegria, a fim de que tomemos posse e usufruamos devidamente do que Ele tem para nós. Faz sentido?

A autora Elizabeth George chama o tempo que separamos com Deus (de oração ou estudo da Palavra) como "a grande troca". Grifei com meu coração quentinho o seguinte trecho de seu livro:

> Longe do mundo e fora da vista dos outros, troco meu cansaço por sua força, minha fraqueza por seu poder, minha escuridão por sua luz, meus problemas por suas soluções, meus fardos por sua liberdade, minhas frustrações por sua paz, minha agitação por sua calma, minhas esperanças por suas promessas, minhas aflições por seu bálsamo e conforto, minhas perguntas por suas respostas, meu embaraço por sua sabedoria, minha dúvida por sua garantia, meu nada por seu grandioso tudo, o temporal pelo eterno e o impossível pelo possível. [6]

Alguma dúvida de que é uma boa escolha dedicar um tempo do nosso dia aos Seus pés? Deus é bom demais! A Bíblia diz que Ele é galardoador (recompensador) daqueles que O buscam (cf. Hebreus 11.6).

Em Mateus 7.7-11, encontramos um dos meus trechos favoritos das Escrituras, em que o próprio Jesus encoraja Seus discípulos a orar. Ele diz:

---

[6] *Ibidem.*

— Peçam e lhes será dado; busquem e acharão; batam, e a porta será aberta para vocês. Pois todo o que pede recebe; o que busca encontra; e, a quem bate, a porta será aberta. Ou quem de vocês, se o filho pedir pão, lhe dará uma pedra? Ou, se pedir um peixe, lhe dará uma cobra? Ora, se vocês, que são maus, sabem dar coisas boas aos seus filhos, quanto mais o Pai de vocês, que está nos céus, dará coisas boas aos que lhe pedirem?

Nunca sairemos de mãos vazias quando decidimos buscá-lO.

Há algumas semanas, em meio a uma de nossas reuniões quinzenais do discipulado na minha igreja, minha discipuladora, Pri, trouxe uma palavra que me marcou profundamente. Naquele momento, eu só conseguia pensar: "Preciso compartilhar isso com as meninas que vão ler as páginas que tenho escrito". Sabe quando você já está familiarizada com uma determinada frase, pois já leu várias vezes e já a ouviu outras tantas em pregações, mas, de repente, uma revelação diferente faz com que você pare e pense: "Uau, então é isso que significa!!!"?

A palavra que a Pri partilhou falava justamente sobre a importância de declarar a Palavra e carregá-la aonde quer que formos, visto que os milagres são gerados por meio dela. Foi então que ela repetiu uma frase que, embora já houvesse escutado diversas vezes anteriormente, trouxe algo além.

Ela disse que somos encarregadas de sermos despenseiras do Evangelho. Até aí, tudo bem. Assim como eu, provavelmente você já ouviu essa frase antes, mas já parou para pensar no que significa ser uma despenseira de Deus? O que significa a palavra “despensa”?

Não sei se você é dessa época, mas antigamente, era comum que as casas tivessem um lugar chamado despensa, onde se armazenavam alimentos. Despensa é esse lugar de suprimento, lugar onde você entra sabendo que encontrará provisão.

Somos criadas para sermos alimentadas no nosso secreto com o Pai, na Sua Palavra, mas também fomos chamadas para atuar como despensas, vastas e cheias de alimento, de modo que, quando as pessoas estiverem conosco e encontrarem-se famintas, tenhamos algo a oferecer. Fomos comissionadas a sermos aquelas que vão e suprem as necessidades do próximo.

Quando somos alimentadas pela Palavra e buscamos mais de Deus no nosso secreto, passamos a viver aquilo para o qual Ele nos convocou: despenseiras. Teremos sempre uma palavra pronta para o outro, assim como já fiz diversas vezes com o Math e com amigos que precisavam, e como também já encontrei em meus irmãos em Cristo uma despensa cheia, que me ajudou a me reabastecer novamente.

A Bíblia deve ser nosso lugar de suprimento. Entendi que eu não buscava na Palavra alimento somente para mim, mas para também armazenar o suficiente como uma despensa que providenciaria sustento para os famintos.

As verdades encontradas na Palavra foram capazes de finalmente tirar as vendas que cobriam os meus olhos, remover as máscaras que insisti em usar por anos e, por fim, remover a armadura que carregava a fim de me esconder.

Esse é o poder de escolher a boa parte.

Assim como você e eu encontramos sentido, propósito e identidade por meio da Palavra, que sejamos capazes de apresentar esse caminho — o único e maravilhoso caminho — a outras mulheres que talvez ainda estejam perdidas.

Que sejamos mulheres decididas a sermos 100% dependentes de Deus, que O buscam incansavelmente, que amam a Sua Palavra e Sua companhia, e que desejam cumprir o propósito pelo qual foram criadas. Além de filhas amadas, sejamos despenseiras dessa Verdade.

> *O caminho de Deus é perfeito; a palavra do Senhor é confiável; ele é escudo para todos os que nele se refugiam. Pois quem é Deus além do Senhor? E quem é rochedo, a não ser o nosso Deus? O Deus que me revestiu de força e aperfeiçoou o meu caminho, ele deu aos meus pés a ligeireza das corças e me firmou nas minhas alturas. Ele treinou as minhas mãos para o combate, tanto que os meus braços vergaram um arco de bronze. Também me deste o escudo da tua salvação; a tua mão direita me susteve, e a tua clemência me engrandeceu. Alargaste o caminho sob meus passos, e os meus pés não vacilaram.* (Salmos 18.30-36)

Ah, aqui vão algumas dicas simples e práticas se você deseja vencer a inconstância e conseguir manter um tempo de leitura da Palavra todos os dias (elas me ajudaram *muuuuito*). Espero que elas sejam úteis e eficazes para você, assim como foram para mim.

Desa*fios* *p*rá*t*i*cos*

- Comece lendo poucos capítulos por dia (um ou dois), e, com o tempo, você aumentará a quantidade, familiarizando-se mais com a Palavra, e não vai ser cansativo nesse início. Temos a mania de querer ler dez capítulos em um dia só porque estamos empolgadas para começar a jornada de leitura da Bíblia. O problema é que, no dia seguinte, corremos o risco de desanimarmos. A dica é ir aos poucos, com calma. O importante é ler.

- Inicie um plano de leitura bíblica. Isso vai orientar as passagens que você deve ler diariamente, então você nunca ficará com preguiça de ter de decidir o que vai ser no dia. Você já terá estipulado; é só abrir a Bíblia. Existem vários tipos de planos: aqueles que indicam uma quantidade de capítulos por dia para conseguir concluir a Bíblia toda em um ano, mas também há planos para seis ou três meses... na internet, você encontra vários incríveis, e pode escolher um que se adeque melhor à sua rotina.

- Defina um horário específico para sentar e ler a Bíblia todos os dias, encarando-o como um compromisso sério a ser cumprido, algo fixo e inadiável. Uma sugestão é colocar um despertador no celular como lembrete de que é hora de ter seu momento com Deus.

Capítulo seis

“A **baixa autoestima** tem relação com a **insegurança ou a insatisfação** que carregamos sobre a imagem que vemos **refletida no espelho** ou o nosso desempenho nas mais diversas atividades.”

Capítulo seis

Quando Deus gerou em mim um anseio por escrever este livro, Ele também imprimiu uma convicção no meu coração: eu não poderia deixar de falar sobre insegurança, especialmente no que diz respeito à autoestima e comparação. Desde muito cedo, estamos acostumadas a lutar contra algumas vilãs, e, sem dúvida, a insegurança e a comparação certamente são duas delas.

Frequentemente ouvimos a palavra "autoestima" em discursos ou nas redes sociais, mas será que de fato sabemos o seu significado? Bem, quando decidi que não queria mais ser escrava de uma baixa autoestima, procurei compreender o real sentido por trás dessa palavra (temos de conhecer nossos inimigos). Após entendê-la, busquei uma forma de mudar o cenário na minha vida. Comecei a pesquisar e a ler livros que pudessem clarear esse tema para mim — confesso eram poucos aqueles que tratavam desse assunto com base na Bíblia —, e passei a trazer essa reflexão para minhas conversas diárias com o Senhor. Posso dizer que foi o início de mais um processo libertador.

Se pesquisarmos hoje, uma das definições da palavra aparece como:

> [...] qualidade de quem se valoriza, se contenta com seu modo de ser e consequentemente demonstra confiança em suas atitudes.[1]

Ela pode ser resumida, portanto, como uma avaliação ou opinião, positiva ou negativa, que um indivíduo tem acerca de si mesmo. Ou seja, é a forma como nos enxergamos e pensamos sobre nós que determina o nível de nossa autoconfiança.

Então, minha amiga, pense comigo: a baixa autoestima tem relação com a insegurança ou a insatisfação que carregamos sobre a imagem que vemos refletida no espelho ou o nosso desempenho nas mais diversas atividades. Tudo começa quando enxergamos de maneira distorcida nossas qualidades e habilidades — isso quando não as enxergamos de fato.

Arrisco dizer que, na maioria das vezes, andamos cegas para a beleza do que carregamos e o propósito para o qual fomos criadas. Isso porque nossos olhos tendem a focar no que o outro é e carrega. A famosa comparação. Faz sentido? Viu como essas vilãs — baixa autoestima e comparação — caminham juntas?

---

1 FACUNDES, Vivian. **Autoestima.** Publicado por *Instituto Federal do Tocantins* em 09/09/2019. Disponível em *https://portal.ifto.edu.br/ifto/reitoria/pro-reitorias/proae/assistencia-estudantil/assunto/autoestima#:~:text=%C3%89%20a%20qualidade%20de%20quem,ou%20negativa%20(baixa%20autoestima).* Acesso em dezembro de 2024.

Capítulo seis

Tenho plena convicção de que jamais alcançaremos autoconfiança suficiente se passamos a maior parte do tempo nos comparando às vizinhas. Falo isso por experiência própria, como mencionei anteriormente. Esse era esse o cenário em que eu estive imersa desde muito cedo. Contudo, a boa notícia é que há uma luz no fim do túnel, uma saída segura para nós, e é sobre isso que eu quero papear com você neste capítulo, que considero um dos mais importantes dessa obra. Ao final dele, teremos estratégias suficientes para batalhar contra a comparação e vencê-la diariamente.

Acredito que um dos maiores paralisantes nessa era das mídias digitais — e, talvez, em todas as épocas — seja a comparação. Desde que nos entendemos por gente, sofremos com esse mal, não é verdade?

Quando crianças, comparamos nossas bonecas às de nossas amiguinhas; na escola, fazemos o mesmo com nossos boletins, vendo quais colegas tiraram as maiores e as menores notas; comparamos nossa aparência à daquela menina; ao sair da faculdade, talvez, você tenha se deparado com amigos já empregados enquanto se sentia perdida quanto ao futuro. Podemos sentir que estamos atrasadas quando vemos amigas já casadas enquanto estamos solteiras; ao assistirmos aos nossos amigos comprarem suas casas próprias e terem filhos enquanto ainda moramos com nossos pais; ou até quando alguém é promovido no trabalho e continuamos no mesmo cargo há tempos...

A essa altura, você já deve ter percebido que a comparação sempre esteve presente nas nossas vidas; às vezes, de forma mais sutil, já em outros casos, de modo mais evidente e incômodo.

Quando penso nesse tema, recordo que nem mesmo as mulheres da Bíblia ficaram isentas da comparação. Lembro-me da história de Ana e Penina. Você a conhece?

No livro de 1 Samuel, a Bíblia nos conta a história de Elcana e suas duas esposas, Ana e Penina. Penina havia lhe dado filhos, mas Ana havia sido deixada estéril por Deus, e por isso não tinha dado filhos a Elcana.

O capítulo 1 relata que, todos os anos, a família subia até Siló para adorar e entregar sacrifícios ao Senhor, e, ano após ano, no momento de partilhar o alimento (parte da oferta), Penina provocava Ana continuamente pelo fato de esta ser estéril. Sua rival (como a Bíblia diz) usava sua fertilidade para demonstrar superioridade. Ana, que não podia gerar, por sua vez sempre acabava chorando e não comia; ela não conseguia desfrutar devidamente do momento que deveria ser regado de alegria, já que a oferta de comunhão era feita para demonstrar gratidão a Deus pelas bênçãos recebidas. Quando há comparação, não há desfrute.

Ana se comparava a Penina, que era fértil, mas tenho um forte palpite de que Penina também errava nisso por saber que o esposo amava mais Ana, sua segunda mulher, do que ela. Sabemos dessa informação pois a Bíblia relata que, ao subir para entregar ofertas ao Senhor, Elcana sempre dava uma porção dupla para Ana. É bem provável que esse fosse o motivo das provocações de Penina. Com isso, Ana se sentia insuficiente, e Penina, menos amada.

Hoje, mais do que nunca, estamos a um clique de acompanhar a vida de milhares de pessoas bem como o que elas fazem e possuem, o que frequentemente gera em nós a sensação de não sermos o suficiente.

Vivemos em uma era em que, dia após dia, somos bombardeadas por conteúdos de gente que parece sair da capa de uma revista (ou do Pinterest, se pensamos em algo mais atual). Enquanto rolamos a tela do nosso *feed*, lidamos com a difícil tarefa de não nos compararmos. É desafiador olhar para si mesma e para a sua realidade permanecendo contente com o que enxerga sem querer habitar na pele de outra pessoa que você considera estar melhor que você. Chegamos a um estágio em que essa comparação se torna parte da nossa rotina. Acabamos aceitando esse sentimento como algo inofensivo, quando na verdade não é bem por aí.

Quando há comparação, não há desfrute.

Em diversas passagens, a Bíblia repreende esse comportamento. Há um versículo específico que afirma que se comparar é tolice e revela falta de entendimento: "[...] Quando eles se medem e se comparam consigo mesmos, mostram como são tolos" (2 Coríntios 10.12 – GWT – tradução livre). Na versão Nova Almeida Atualizada, está: "[...] Mas eles, medindo-se consigo mesmos e comparando-se consigo mesmos, revelam falta de entendimento".

Nos últimos tempos, Deus tem ministrado muito ao meu coração sobre o perigo da comparação e as armadilhas (bem veladas) que ela carrega. Caímos nessas armadilhas quando damos espaço e liberdade, ainda que de forma inocente, para nossa mente se comparar.

Um dos capítulos do livro devocional *Uma vida com propósito* me impactou profundamente, e posso dizer que ele foi essencial para que eu entendesse onde eu estava me enfiando quando escolhia dar espaço para a comparação. O autor, Rick Warren, coloca em foco os dois caminhos aos quais a comparação pode nos levar: o do orgulho ou o da inveja. Nessa corrida invisível em busca de tentar ser mais bem-sucedido que o outro, Warren aponta que, inevitavelmente, você encontrará alguém que está se saindo pior do que você e então se orgulhará disso, ou verá pessoas que visivelmente estão melhores e, automaticamente, você as invejará. É certo que nenhum dos dois agrada a Deus. A Bíblia é bem clara quanto a isso:

> *Vocês cobiçam coisas, e não as têm; matam e invejam, mas não conseguem obter o que desejam. Vocês vivem a lutar e a fazer guerras. Não têm, porque não pedem. Quando pedem, não recebem, pois pedem por motivos errados, para gastar em seus prazeres. [...] Mas ele nos concede graça maior. Por isso diz a Escritura: "Deus se opõe aos orgulhosos, mas concede graça aos humildes".* (Tiago 4.2-3, 6 – NVI)

> *Portanto, abandonem toda maldade, todo engano, hipocrisia e inveja, bem como todo tipo de maledicência.* (1 Pedro 2.1)

> *Não cobice a casa do seu próximo. Não cobice a mulher do seu próximo, nem o seu servo, nem a sua serva, nem o seu boi, nem o seu jumento, nem coisa alguma que pertença ao seu próximo.* (Êxodo 20.17)

A inveja só serve para voltar os nossos olhos ao que não temos ou somos, fazendo-nos esquecer o que Deus nos criou para **ser** e **fazer**. Toda vez que decidimos permitir que a inveja tome conta de nós (porque, vai por mim, com o tempo, percebemos que é uma escolha), nós nos desviamos do plano sob medida de Deus para a nossa vida, arquitetado somente para nós vivermos, mais ninguém. A inveja rejeita nossa singularidade! Ela é responsável por nos privar de viver o que Deus separou única e exclusivamente para nós.

Ficamos tão ocupadas prestando atenção no que o outro está vivendo e conquistando, ou por qual caminho está indo, que desviamos nossos olhos da rota personalizada para nós e acabamos deixando de lado o que Deus nos chamou para viver. Como consequência, corremos o risco de perder de vista a verdadeira satisfação que só encontramos quando trilhamos o caminho que o Senhor já estipulou antes mesmo de nascermos.

Passamos a vida comparando o que temos e o que não temos com o que a vizinha tem ou não, e ignoramos o fato de que não há lógica na comparação. Não faz o menor sentido, afinal, fomos criadas totalmente diferentes umas das outras, e esse era justamente o plano de Deus. Você foi colocada nesta Terra para **embelezá-la da sua forma**, não para tentar caber em um padrão, assemelhando-se a todas as outras pessoas que também tentam o alcançar. O Senhor quer que você saiba que sim, há beleza em ser quem **você** foi criada para ser, minha amiga! Espero que consiga enxergar a si mesma dessa forma a partir de hoje.

Gosto de lembrar que não faz parte da natureza de Deus fazer algo pela metade. O Senhor nunca fez nada "meia boca"; Ele é um Deus de plenitude e excelência, e tudo o que faz reflete a Sua essência. Você é criação

Caímos nessas armadilhas quando damos espaço e liberdade, ainda que de forma inocente, para nossa mente se comparar.

d'Ele, simplesmente não há discussão: você é plena exatamente como foi criada. Você é única e incomparável!

Parece óbvio, mas nem sempre nos lembramos desse fato: Deus não nos criou para ser a cópia de ninguém! Ele projetou a nossa existência para ser uma obra-prima original, com nosso próprio caminho, chamado, nossas próprias habilidades e características, e nosso tempo determinado.

Há uma frase da pastora Thalita Pereira que me marcou, da qual sempre me lembro quando percebo que estou me comparando com alguém: "Quando nos ocupamos tentando ser o que todo mundo é, fracassamos em ser nós mesmas". *Uau!!!* Que verdade tremenda!

Preciso compartilhar algo que entendi e que transformou a minha vida e a minha jornada de autodescoberta: se Deus quisesse que eu vivesse a mesma experiência que minha colega, Ele teria me feito exatamente como ela. Como esse não foi o caso, entendo que aquilo que Ele determinou para mim é o que eu devo viver.

Às vezes, vivemos a vida como uma constante competição; sentimos que precisamos estar sempre à frente. "Tenho de ser mais bonita que ela, preciso cantar melhor, necessito tirar uma nota maior, quero ter um celular mais atual, preciso receber mais aplausos e ter mais seguidores nas redes sociais...". É um ciclo interminável de "eu preciso". Entretanto, quero deixar uma frase para você e espero que ela crie raízes no seu coração assim como aconteceu comigo quando a li em 2022:

> A vida não é sobre quem chega primeiro ou mais alto. Não há como comparar dois caminhos, pois cada um tem o seu trajeto, mesmo que o fim seja parecido. Não estamos numa pista de corrida, e a vida não é uma competição.[2]

Eu conheço bem o sentimento de estar "atrasada" em relação a fulana. Afinal, é comum cairmos nessa armadilha e pensar: "Como pode ela ter a minha idade e já ter conquistado tão mais do que eu?", "Por que ela tem a pele tão lisa e perfeita enquanto eu cuido tão bem da minha e não tenho os mesmos resultados?". Rolando a *"For you"* (em português, para você) do TikTok e outra hora o *feed* do Instagram, já perdi as contas de quantas vezes esse sentimento tomou conta de mim gerando frustração por esquecer que a vida não é uma corrida que eu preciso desesperadamente vencer. Posso ser grata e estar contente com o que tenho, sou e como vivo ao mesmo tempo em que me alegro pelo que a outra pessoa possui e é. Trata-se de um exercício diário relembrar que celebrar quem sou não exclui quem o outro é.

Pode até ser que meu propósito e o daquela pessoa, com quem me peguei comparando, sejam parecidos, mas o modo com que vou cumprir o meu é totalmente diferente. Não há sentido nesse hábito. Eu posso — e devo — estar alegre com a conquista do outro sem me sentir menor ou atrasada.

> (...) o Reino de Deus não é para os que chegam primeiro, nem para os que são mais velozes, mas para

[2] Luiza Agreste Nazareth, *Livre, leve e forte*, 2021.

> os que respeitam o tempo de cada estação e seu processo.[3]

Minha irmã, você foi chamada para ser quem Deus a criou para ser: você! Singular! Anteriormente, Rick Warren mostrou que há dois caminhos para os quais a comparação pode nos levar, mas eu gostaria de pontuar ainda outro: a ingratidão.

Há alguns meses, comecei a estudar um livro sobre o tema "contentamento" com as mulheres da minha célula. Ao longo da leitura, Deus revelou uma ligação da comparação com o descontentamento.

Sempre que nos comparamos e desejamos o que é de outra pessoa, estamos, na verdade, dizendo "Deus, sabe tudo aquilo que você me deu? Desculpa, mas eu não acho que seja suficiente. Inclusive, acho que o Senhor poderia ter feito mais, poderia ter me feito melhor, mais parecida com ela...". Já pensou nisso? Demonstramos um coração completamente ingrato, descontente, insatisfeito, e, de quebra, duvidamos da excelência do próprio Deus, que não erra. A comparação tira a contentamento de cena.

Eu amo um versículo em que Paulo escreve à igreja de Filipo (enquanto está preso, em um cenário completamente desafiador) sobre o contentamento:

> *Digo isto, não porque esteja necessitado, porque* ***aprendi*** *a* ***viver contente*** *em* ***toda*** *e qualquer* ***situação****. Sei o que é passar necessidade e sei também o que é ter em abundância; aprendi o segredo de toda e qualquer circunstância, tanto de estar alimentado*

---

[3] Viviane Martinello, *Mulheres improváveis*, 2022.

> *como de ter fome, tanto de ter em abundância como de passar necessidade. Tudo posso naquele que me fortalece.* (Filipenses 4.11-13)

Paulo me inspira, pois escreve simplesmente que **aprendeu** a viver contente em toda e qualquer situação, o que significa que nem sempre foi assim, mas que foi algo que ele desenvolveu. Se Paulo aprendeu, então quer dizer que, sim, nós também conseguimos aprender a viver contentes e gratas! Isso não é incrível? Descobrimos que o contentamento é algo que podemos aprender, como um exercício.

Contentamento

Eu já fui aquela pessoa que buscava minha satisfação em diversas coisas.

Sempre pensava que, se um dia alcançasse a "coisa" da vez, eu me sentiria feliz, completa e conseguiria ser 100% grata. E, sim, pode até ser que, quando conseguimos o que desejamos, nos sintamos satisfeitas, mas essa satisfação dura apenas alguns momentos. Logo, nós nos encontramos no mesmo ciclo vicioso, esperando mais e mais para, então, estarmos contentes.

Já coloquei essa expectativa na faculdade, achando que, quando entrasse no curso dos meus sonhos, finalmente estaria satisfeita. Fiz o mesmo acerca do meu marido, achando que, quando encontrasse a pessoa certa, não haveria como não ser contente. Cometi esse erro em tantas coisas... Até perceber que nunca estaria contente de fato se meu contentamento estivesse sujeito às circunstâncias, e não a uma decisão minha.

Costumamos esperar que as coisas aconteçam para que sejamos satisfeitas e alegres. Raramente conseguimos ver beleza no processo porque estamos ocupadas com a insatisfação de esperar para chegar ao final. Damos ao descontentamento o primeiro lugar no pódio, até conquistarmos o que queremos e achamos que precisamos.

A autora Nancy Wilson, mulher abençoadíssima, ministrou muito ao meu coração quando depositou essa seguinte reflexão (que, claro, grifei forte com meu marca-texto marrom) em seu livro sobre contentamento:

> O contentamento é interno. É humilde. O contentamento é submisso a Deus e agradece a ele por todas as coisas. O contentamento decide não se preocupar, nem se exasperar, nem murmurar ou reclamar, e enxerga essas coisas como ameaças e inimigos. Isso tudo não quer dizer que deixamos de orar por um novo emprego ou por um apartamento maior, mas significa que estamos contentes enquanto oramos. (...) Eis uma ótima ilustração do contentamento: ele aproveita ao máximo as circunstâncias do momento, sem esperar até que as coisas mudem.[4]

O problema de basearmos nosso contentamento nas circunstâncias é que, ainda que conquistemos aquilo que tanto desejávamos, sempre haverá outra coisa, outro nível, algo melhor e mais desejável. Assim, nunca desfrutaremos plenamente do que temos. Pelo contrário, enquanto não aprendermos a estar contentes em

[4] Nancy Wilson, *Contentamento*, 2018.

toda e qualquer situação, viveremos uma vida repleta de insatisfação, frustração e infelicidade.

Como crianças birrentas, estamos dizendo constantemente para Deus: "Eu só ficarei feliz quando, e se, o Senhor me der tal coisa", quando, na verdade, deveríamos falar: "Obrigada, Deus, porque eu já tenho muito mais do que eu mereço".

Posso atestar que só encontrei satisfação nos meus dias quando voltei meus olhos para Ele, em vez de focar no que eu ainda não tinha. Entendi que já tinha tudo de que precisava, e o que viesse depois seria somente para acrescentar.

Precisamos estar satisfeitas com o que o Senhor tem feito **hoje**. Só assim permaneceremos verdadeiramente contentes quando conquistarmos aquilo pelo qual oramos um dia. Se não encontramos contentamento no presente, é muito provável que também não o faremos quando chegarmos ao lugar desejado.

Minha irmã, só deixaremos de nos comparar quando o contentamento estiver enraizado em nós, quando estivermos verdadeiramente gratas e contentes com o que temos e com quem nós somos. Ok, Paulo fala que aprendeu a viver contente em toda e qualquer situação. Contudo, como nós, você e eu, tiramos a comparação de cena, substituindo-a pelo contentamento?

Já ouviu falar que a mente é nosso campo de batalha? Pois bem, é verdade. É nela que lutaremos contra a comparação, e, minha amiga (eu creio), certamente venceremos se formos intencionais quando ela ousar nos atacar.

Precisamos de armas para esse momento, certo? Então vamos a alguns passos práticos que podem nos ajudar a vencer a comparação diariamente.

Passos práticos para vencer a comparação

- *Redirecione seu pensamento*

Devemos fazer uma análise dos nossos pensamentos. Filipenses 4.8 nos orienta a nos concentrarmos em tudo que é verdadeiro, respeitável, puro, amável etc. Se alguma virtude há ou algum louvor, que essas coisas ocupem o nosso pensamento. Já em Colossenses 3.1-2, aprendemos que, agora que nascemos de novo em Cristo, devemos buscar as coisas do Alto, onde Cristo vive, pensando nelas, não nas terrenas.

Se não formos intencionais e deixarmos nossa mente vaguear, ela certamente se inclinará para a comparação, para aquilo que ainda não temos, para o que não somos. Então, o que devemos fazer é: sempre que percebermos a tentação de entrarmos nesse lugar, devemos redirecionar nosso pensamento. Pode parecer algo difícil, mas confie, é mais fácil do que parece.

Pense comigo: quando começamos a assistir a um filme, mas não gostamos, o que fazemos? Continuamos assistindo? Não, tiramos aquele e escolhemos outro. Tomamos a decisão de não consumir aquele conteúdo. Com os nossos pensamentos, o processo é semelhante: você tem o poder de trocá-lo por outro pensamento que seja agradável.

Sempre que a comparação surgir, pare e diga a si mesma "Não, eu não aceito, e eu não vou continuar aqui". Então, leve seus pensamentos a alguma outra coisa; ocupe-se com algo de que goste, leia um livro, prepare um café da tarde, saia para andar, converse com uma amiga, faça um treino, pense nos planos que você possui e que geram empolgação...

É claro, isso requer paciência e disciplina, mas, uma vez que você começa, vai se tornando mais fácil e automático agir dessa forma quando a comparação chegar.

- *Busque ser grata*

Dependendo da estação desafiadora que estamos atravessando, acabamos nos esquecendo do que a Palavra nos ensina: darmos ações de graças em tudo.

> *Estejam sempre alegres. Orem sem cessar. Em tudo, deem graças, porque esta é a vontade de Deus para vocês em Cristo Jesus.* (1 Tessalonicenses 5.16-18)

Reclamar e murmurar não ajudará em nada; ao contrário, apenas aumentará nosso foco no problema e na insatisfação. Portanto, devemos fugir dela, ao mesmo tempo que fazemos da gratidão um hábito.

Se isso ajudar, separe um caderno da gratidão (ou um potinho onde você colocará *post-its*) e todos os dias escreva algo diferente pelo que você é grata. Se em algum momento do dia você se vir descontente e insatisfeita, abra o caderno (ou o pote) e releia tudo o que você já tem e as coisas pelas quais você já é grata.

Lembre-se sempre: você tem muito mais do que merece, você tem tudo, você tem **Jesus**.

Não se esqueça, também, de verbalizar ao Senhor, em oração, as coisas pelas quais você é grata.

- *Enxergue a beleza do hoje e esteja contente enquanto espera*

Decida ser feliz hoje. Escolha enxergar a beleza que há no processo e confie que Deus não erra. Se hoje você ainda não tem aquilo que gostaria, é porque talvez você ainda não precise. O Senhor conhece as suas necessidades mais do que ninguém; tenha a certeza de que Ele não vai desampará-la.

Se você ainda está no seu processo e, ao olhar ao redor, percebe que outras pessoas já avançaram, não pense que está atrasada ou que Deus se esqueceu de você. Lembre-se de que há um tempo determinado para todas as coisas (cf. Eclesiastes 3.1), que o nosso tempo não é o mesmo que o do Senhor e que Ele sabe o que faz. Logo, logo você também chegará lá, seu processo só é diferente.

Não espere ficar contente apenas quando grandes coisas acontecerem. Celebre o ordinário, que também tem sua beleza.

Em um dos livros que busquei ler quando estava faminta por consumir conteúdos sobre feminilidade, a autora Elisabeth Elliot escreve sobre o tempo da solteirice, mas sua reflexão pode ser aplicada a qualquer que seja a área das nossas vidas:

> A solteirice pode ser apenas uma etapa na jornada da vida, porém até mesmo uma etapa é uma dádiva. Deus pode substituí-la por outra dádiva [nesse caso, um casamento], mas o destinatário aceita essas dádivas com ações de graça. Esta dádiva para este dia. A vida de fé é vivida um dia de cada vez; e tem de ser vivida — não se pode ficar sempre esperando, como

> se a vida "verdadeira" estivesse prestes a chegar. Nós somos responsáveis pelo hoje. Deus continua a ser o dono do amanhã.[5]

Não desanime no processo. O hoje também é uma dádiva, amiga! A vida já está acontecendo.

Persevere na luta contra a comparação

"Quézia, isso quer dizer que, a partir da primeira vez que eu lutar contra a comparação na minha mente, ela nunca mais irá voltar?"

Lutar contra a comparação é um processo contínuo, minha irmã. Ela aparecerá de tempos em tempos. O que posso dizer, no entanto, é que, felizmente, sendo intencional em cultivar bons pensamentos, em exercitar a gratidão e em abraçar o que você tem hoje, ela aparecerá com muito menos frequência e, quando aparecer, você já terá as ferramentas para vencê-la rapidamente.

Deus tem uma vida regada de satisfação e contentamento para você. Apenas tome posse dessa verdade, e a comparação não terá mais poder sobre você!

---

[5] Elizabeth Elliot, *Deixe-me ser mulher*, 2021.

Desafio *prático*

Separe um tempo para refletir sobre quais são as áreas da sua vida em que você tem deixado a comparação entrar e decida entregá-las ao Senhor. Faça uma oração pedindo a Ele que te ajude a cultivar pensamentos bons, a se manter grata e contente pelo que já tem. Renuncie em oração toda comparação, toda inveja, todo orgulho e todo descontentamento.

Capítulo sete

“Ele **resgatou**
o que estava
perdido e
me entregou
novamente como
um **presente**
cuidadosamente
embalado.”

Capítulo sete

Já temos as armas certas para lutar contra a comparação? Ufa, ótimo! Agora temos um próximo passo para dar em busca de uma alta autoestima, minha amiga. Animada? Já pegou o seu chazinho? Espero que sim, porque eu estou muito empolgada com o que papearemos ao longo das próximas páginas!

Se eu perguntasse hoje, agora mesmo, se você tem vivido sua versão mais autêntica, o que você me responderia? Sim? Não? Talvez?

Bom, se você chegou até aqui, provavelmente já percebeu que autenticidade foi um tema que sempre me "pegou" muito. Isso porque, como contei anteriormente, eu passei longos anos fugindo da minha essência, de quem eu era. Escondia-me atrás de máscaras e mais máscaras a fim de me sentir mais "segura", mais "protegida". Logo, eu havia cavado um buraco, jogado a autenticidade nele e lançado terra para cobri-lo. A insegurança, o medo, a falta de identidade e a baixa autoestima tinham se juntado para enterrar minha autenticidade. Pena que elas não perceberam que o meu Deus é Aquele que ressuscita os mortos, que traz à vida o que outrora estava morto, e assim Ele fez com a minha autenticidade; Ele resgatou o que estava perdido e me entregou novamente como um presente cuidadosamente embalado, assim que eu aceitei caminhar o processo que Ele me propôs.

"Ok, Qué, legal, mas qual é a relação disso com a busca pela alta autoestima?" Pois bem, primeiro vamos entender o que é essa tal de autenticidade, pode ser?

A autenticidade fala sobre algo que é original. Sermos autênticas significa não abrirmos mão da nossa identidade e essência diante dos olhares de outras pessoas sobre nós, ou de um ambiente desconhecido. Trata-se de sermos genuínas e verdadeiras conosco e com o outro.

Eu resumiria ser autêntica em: saber e ser quem você é, independentemente do cenário, sem mudar por causa dele ou se amoldar a ele; ser alguém original e real que anda em verdade e é fiel à identidade que lhe foi dada — lealdade consigo; não abrir mão dos próprios valores, dos seus princípios; agir com sinceridade, honestidade e integridade consigo e com o próximo; andar de acordo com o que foi criada para ser; jamais se envergonhar de ter defeitos e cometer erros, pois sabe que, mesmo sendo falha, e nunca será perfeita, corre sempre para alcançar ser o seu melhor. E, vai por mim, amiga, viver nossa versão autêntica a cada dia abre portas para levarmos uma vida com mais leveza e prazer.

Já percebeu que, hoje em dia, muitas pessoas enxergam o "ser autêntica" como uma desculpa para validarem suas personalidades "difíceis"? Não sei você, mas tenho uma indignação santa toda vez que vejo alguém (principalmente quando ela já é cristã) sendo grosseira com o outro e, no final, falando "Ah, não, desculpa, é que eu sou assim mesmo, esse é o meu jeitinho". Horrível, não é? Vivemos em um mundo onde confundem o ser autêntico com o falar sem pensar ou se importar com a consequência das nossas ações, apenas tendo em vista os próprios interesses.

Vamos combinar, a autenticidade não é uma muleta para ser usada como bandeira branca para ultrapassar o limite do próximo, desrespeitar alguém, ser inconveniente, grosseiro e sem educação. Na verdade, ela diz respeito a sabermos quem nós somos, nossa essência (agora, uma nova criatura em Cristo, transformada pela Sua Graça). A partir do momento em que compreendemos nossa natureza, devemos ser nossa melhor versão: a mais respeitosa, leve, divertida, empática, verdadeira, em qualquer ambiente em que estejamos. Se nossa "autenticidade" tem ferido o próximo, temos de repensar se sabemos ao certo o significado de ser autêntica.

Sermos autênticas significa não abrirmos mão da nossa identidade e essência diante dos olhares de outras pessoas sobre nós.

É fato que diariamente lutamos contra os desejos da carne: a murmuração, a inconstância, a impulsividade no falar e no agir, a ira, a inveja, o ciúme, os desejos errados etc. Nossa natureza pecaminosa tende a nos levar às vontades da carne quando não nos inclinamos para as coisas do Espírito e não alimentamos nosso espírito constantemente (por meio da Palavra, da oração e do jejum, por exemplo).

No entanto, uma vez que fomos sepultadas com Cristo e renascemos para uma nova vida com Ele (cf. Romanos 6.4-8), no momento em que reconhecemos

Seu sacrifício e o aceitamos, não temos mais desculpa para sermos coniventes com o "natural" e o "autêntico da carne" e agirmos de acordo com isso. Afinal, essa antiga versão não é mais quem nós somos, entende?

Em Gálatas, a Bíblia nos ensina sobre o Fruto do Espírito. Pense nele como uma fruta que possui gomos — uma mexerica, por exemplo. É uma única fruta com vários gomos, que são: "(...) amor, alegria, paz, paciência, amabilidade, bondade, fidelidade, mansidão e domínio próprio." (Gálatas 5.22-23 – NVI).

Fiquei chocada com este *insight* que Deus me trouxe enquanto rascunhava esse capítulo. Preste atenção. Simplesmente faz muito sentido ser um fruto do Espírito e cada um dos seus "gomos" fazerem parte dessa nossa nova "eu autêntica" após o nosso novo nascimento. São eles que devemos buscar diariamente.

Então quer dizer que não andaremos mais como mulheres que tendem às coisas da carne, que agem como antes — usando como desculpa aquele "eu sou assim mesmo, essa é minha personalidade", porque não somos mais! Agora que nascemos de novo, nossa personalidade deve abraçar e abrigar o fruto do Espírito. *Uauuuuu*! Não é incrível?!

> *E os que são de Cristo Jesus crucificaram a carne, com as suas paixões e os seus desejos. Se vivemos no Espírito, andemos também no Espírito. Não nos deixemos possuir de vanglória, provocando uns aos outros, tendo inveja uns dos outros.* (Gálatas 5.24-26)

No capítulo anterior (espero que tenha te marcado tanto quanto me marcou, inclusive), vimos juntas que a comparação é uma das vilãs responsáveis por nos impedir de viver uma vida regada de alta autoestima, correto? Correto. Agora, veremos que a autenticidade, ao contrário da comparação, é uma heroína capaz de auxiliar na conquista da tão sonhada alta autoestima — que nada mais é do que uma consequência de vivermos uma vida com autenticidade.

Viemos trilhando um caminho ao longo dos capítulos, você notou? Uma coisa leva à outra; precisamos antes nos livrar, abrir mão, daquilo que nos paralisa para, então, alcançarmos outras coisas melhores.

Nessa nossa jornada, no decorrer das páginas, percebemos também que precisamos largar algumas máscaras e armaduras que carregávamos conosco. Até aqui, creio que você já está equipada o suficiente para derrotar a insegurança, o medo, a comparação e falta de identidade, correto? Legal, minha amiga! Então, após passar por todas elas, quero que você olhe para o lado e contemple a autenticidade chegando! Você pode acenar para ela.

De fato, não conseguíamos viver a nossa versão mais autêntica quando carregávamos conosco a insegurança, a comparação e a falta de convicção sobre nossa identidade. Pode ser que, até pouco tempo, você ainda não podia se ver vivendo de forma autêntica, porque todas essas vilãs a estavam impedindo de alcançá-la. Entretanto, neste momento, há um convite para uma vida autêntica à sua frente. Ela já é realidade.

Como? Vamos papear.

Não sei você, mas sempre admirei aquelas mulheres que exalam autenticidade quando abrem a boca para falar sobre algo (por mais aleatório que seja), e parece que até a forma como elas andam demonstra que elas sabem quem são; a forma como gesticulam, como riem... Loucura, não é? Você provavelmente se lembrou de alguém que conhece, ou então viu em algum filme, que transmite essa *vibe*.

Por outro lado, tenho certeza de que, se eu falar para você pensar em uma pessoa que não transmite autenticidade, você provavelmente também se lembrará de alguém.

Como já contei, cresci assistindo a filminhos de comédia romântica, se lembra? Bem, carrego desde a infância o mesmo filme em primeiro lugar no meu pódio de favoritos (se você me segue nas redes sociais, provavelmente já sabe qual o título que virá a seguir *hahaha*): *De repente 30*, lançado em 2004.

Acho que um dos principais motivos pelos quais cresci gostando desse filme é o fato de que, assim como a protagonista, eu também passei muito tempo desejando ser uma versão diferente do que eu era.

Ok, antes de mais nada, preciso contextualizar o filme a fim de seguirmos em frente. Prometo que vai fazer sentido com o que estamos papeando aqui.

A personagem principal, Jenna Rink, vive descontente com a idade que tem (treze anos) e frustrada com o fato de que o grupo mais popular da escola (chamado "As seis gatinhas") não liga para sua existência. Então, ela faz de tudo para tentar se encaixar e chamar a atenção delas. Com o objetivo de se parecer com as outras meninas para ser aceita, vista e incluída, ela inclusive chega a deixar sua identidade de lado, sua essência e autenticidade, quando está no mesmo ambiente que elas.

Você já conheceu alguém que quando está com você é uma pessoa (muito agradável por sinal), mas perto de outras pessoas parece "mudar" de personalidade, como se fosse um novo personagem? Uma versão completamente desconhecida? Acho que, infelizmente, todas nós já nos deparamos com uma situação parecida — e, talvez, tenhamos até desempenhado esse papel — em algum momento da vida. É bem desagradável, e você sente que estava fazendo parte de uma mentira, não é?

No filme, quando Jenna está com seu melhor amigo, Matty Flamhaf, ela é sua versão autêntica, divertida, espontânea, verdadeira e amigável, mas, quando se depara com o grupo mais popular da escola (que, em qualquer oportunidade, zombava de Matty), Jenna passa a tratá-lo com desdém. Tudo para ganhar a simpatia do grupo e ser inclusa. Meu coraçãozinho sempre aperta quando revejo essas cenas, confesso, *haha*.

Você deve conhecer o resto da história. Em certo momento de frustração com sua adolescência (no fim da sua festa de treze anos, que fora um fracasso), Jenna faz um pedido: ter "trinta anos, a idade do sucesso" e, quando acorda, percebe que de fato passou de uma adolescente de treze para uma adulta de trinta, e não se lembra de nada a partir da noite do seu aniversário.

Quando ela acorda nessa nova realidade, percebe que havia se tornado a mulher de sucesso que sempre havia sonhado, com a aparência (como de uma modelo de capa de revista) que almejava, um cargo importante na revista de moda que ela amava e um closet invejável.

No entanto, por conta de algumas escolhas que ela havia tomado nesse meio tempo, descobre que seu melhor amigo de infância já não fazia mais parte da sua vida, seu relacionamento com seus pais havia se tornado completamente raso e distante, e a única amiga que ela achava que tinha era completamente falsa pelas suas costas. Como se isso já não fosse ruim o suficiente, ela ainda descobre que sua versão adulta vinha traindo sua empresa, plagiando ideias da sua revista e vendendo para a concorrente, além de perceber que tinha um caso escondido com o marido de sua "amiga".

Naquele cenário aparentemente ideal em que ela deveria se sentir satisfeita — pois havia alcançado tudo o que sonhava —, ela se sentia frustrada porque via que várias coisas estavam fora do lugar. Tudo isso era fruto de ter fugido de si mesma, da sua essência. Aquela não era ela. Ela havia se tornado alguém de quem, no fim das contas, não se orgulhava, alguém que sequer reconhecia.

Quando não se vive de forma autêntica, há frustração

Ao final do filme, Jenna consegue voltar aos seus treze anos, decidida a fazer tudo diferente e mudar o rumo do seu futuro conturbado, como se houvesse recebido uma nova chance de fazer as pazes consigo mesma, com a sua identidade e autenticidade. Resumindo, essa mudança a levou a se casar com seu melhor amigo, a encontrar satisfação nos seus dias e a ter o seu "final feliz".

A mensagem que eu tiro desse filme? Bom, são várias! Em primeiro lugar, ao tentar se encaixar e agradar todo mundo, você se distancia cada dia mais do seu "eu autêntico". O que mais me faz refletir é que podemos alcançar a posição mais alta e tudo aquilo com que um dia sonhamos, tudo que passamos anos almejando e idealizando como "a vida perfeita"; contudo, se não formos fiéis a quem somos, se não vivermos de acordo com o que acreditamos, com os nossos valores e a nossa essência, encontraremos apenas frustração, não desfrute.

Olharemos para nós e não encontraremos sentido, propósito ou satisfação. Teremos tudo e, ao mesmo tempo, parecerá que não temos nada.

Mas, minha amiga, quando se vive de forma autêntica e fiel consigo... Aí é outra história! E falando em história, consigo pensar em algumas pessoas da Bíblia que nos ensinam muito a respeito de andar em autenticidade e seus benefícios. Quer saber uma delas?

Daniel é um grande exemplo de alguém que permaneceu fiel (a si mesmo e ao que acreditava), mesmo em meio a um contexto desafiador, em que poderia até morrer. Provavelmente você conhece a história que vou narrar acerca dele (cf. Daniel 6), mas não custa nada relembrarmos juntas, não é?

Ele tinha um lugar de muito destaque no reinado comandado pelo Rei Dario: era um dos três supervisores aos quais os outros homens, nomeados para governar, deveriam prestar contas. As Escrituras relatam que Daniel se destacou muito entre os supervisores, e que o rei estava, inclusive, pensando em colocá-lo a frente do governo de todo o império — imagine só!

Os sátrapas (os homens que tinham de prestar contas a Daniel e aos outros dois supervisores), movidos por inveja, decidiram arquitetar um plano para derrubá-lo, já que não haviam sido bem-sucedidos em acusá-lo de nada depois de tanto procurarem motivos — a Palavra afirma que não puderam achar nele falta alguma, pois Daniel era fiel, e não era desonesto nem negligente.

Mesmo depois de falharem, esses homens não desistiram. Eles eram espertos e sabiam o quanto Daniel era fiel ao Deus que servia. Então o plano que conseguiram arquitetar, que pegaria Daniel, foi o seguinte: dirigiram-se ao rei e disseram a ele que todos os homens, sem exceção, concordavam que ele deveria emitir um decreto ordenando que, nos próximos trinta dias, todo aquele que orasse a qualquer outro Deus ou homem que não fosse o rei deveria ser condenado e lançado na cova dos leões. O rei assinou esse decreto, que, pela lei, nem ele mesmo poderia revogar.

Você conhece a história: Daniel seguia a tradição de orar a Deus três vezes ao dia em seu quarto. Sabendo disso, em uma dessas vezes, os homens esperaram até que, inevitavelmente, encontrassem Daniel orando. Então logo correram para contar ao rei o que acontecera, atestando que, pelo decreto, ele deveria ser lançado na cova. E assim ocorreu. O rei, mesmo contrariado, pois admirava muito Daniel, teve de cumprir a ordem.

Apesar de ser condenado à morte, devendo virar comida de leões, o fim da história revela um grande *plot twist*, assim como todas as histórias em que Deus Se faz presente (amo). Ao amanhecer, o rei voltou até a cova, se aproximou dela e chamou por Daniel — ele só não esperava receber uma resposta. Claro, só por um grande milagre Daniel poderia sobreviver! Qual deve ter sido sua surpresa quando, lá de dentro, Daniel respondeu:

> *[...] — Que o rei viva eternamente! O meu Deus enviou o seu anjo e fechou a boca dos leões, para que não me fizessem mal algum. Porque fui considerado inocente diante dele. E também não cometi nenhum delito contra o senhor, ó rei.* (Daniel 6.21-22)

Após isso, o rei se alegrou muito e mandou que o tirassem da cova. Nisso, notaram que ele não apresentava ferimento algum — nem um arranhãozinho. Daniel estava intacto.

Ao testemunhar aquele grande milagre, o Rei Dario ficou impactado com tamanho livramento e, com isso, decidiu escrever um novo decreto a todos os povos e línguas da Terra:

> *Faço um decreto pelo qual, em todo o domínio do meu reino, todos tremam e temam diante do Deus de Daniel." "Porque ele é o Deus vivo e que permanece para sempre. O seu reino não será destruído, e o seu domínio não terá fim. Ele livra, salva, e faz sinais e maravilhas no céu e na terra. Foi ele quem livrou Daniel do poder dos leões."* (Daniel 6.26-27)

O capítulo acaba com o versículo que diz que, após isso, Daniel prosperou durante o reinado de Dario e o reinado de Ciro, o persa.

Caramba!!! Você também não acha incrível o fato de que a Bíblia sempre tem uma história inspiradora que cabe em qualquer que seja o tema? Ah, a Bíblia é tão completa... Não tem como não ser apaixonada por ela!

Enquanto todos aceitavam o decreto, Daniel permaneceu fiel. Todos estavam orando ao rei? Não importava, ele não abriria mão do seu Deus, mas continuaria a orar a Ele três vezes ao dia. Ele se recusou a obedecer e a ir contra quem ele era, contra os seus valores e o que ele acreditava, e o fim? Vitória certa, é claro! O Senhor honra aqueles que não negam quem foram criados para ser nem abrem mão de serem autênticos, verdadeiros, originais.

Esse é o poder da autenticidade! Além de ser uma das formas pelas quais nós honramos o Senhor. Nós O honramos quando vivemos de acordo com quem fomos chamadas para ser. E é claro que a Bíblia não se limita apenas à história de Daniel quando nos mostra quão recompensador é permanecer real à nossa identidade. Ela oferece tantos e tantos outros exemplos que eu poderia citar inúmeros.

Acerca desse assunto, gosto muito de uma frase do livro *Deixe-me ser mulher*, que já mencionei nos capítulos anteriores, da autora Elisabeth Elliot, que me levou a refletir sobre a autenticidade, que diz assim:

> A água-viva glorifica ao seu Criador por ser uma água-viva, pois, ao sê-lo, ela cumpre o comando de seu Criador.[1]

Assim como a água-viva sabe para o que foi criada e vive conforme seu propósito — glorificando, assim, o Senhor —, o mesmo deve acontecer comigo e com você.

Deus nos criou de uma forma específica e particular com um intuito: glorificarmos a Ele em nossa singularidade. Não existe ninguém igual a você aqui na Terra. Deus traçou cada nuance sua de forma intencional. Ele não deseja que você gaste seus dias tentando se encaixar em um padrão que não é lhe pertence, mas que viva sua vida de forma autêntica. Você foi chamada para ser **você, singular**.

Chega uma hora em que entendemos que só encontraremos satisfação, desfrute e plenitude quando

---

1 Elizabeth Elliot, *Deixe-me ser mulher*, 2021, p. 23.

passamos a viver de forma autêntica. Podemos dizer que Daniel com certeza desfrutou dessa dádiva.

Lembra que, algumas páginas atrás, conversamos um pouquinho sobre o que era a autoestima? Pois bem, comentamos que a forma como nos enxergamos e o que pensamos sobre nós é o que determinará o nível da nossa autoestima.

Sei que é difícil esse processo de ajustar nossa ótica, de passar a nos enxergarmos de verdade como Ele nos vê, por meio das Suas lentes — eu também sigo trabalhando intencionalmente nisso até hoje. Contudo, tenho certeza de que seremos recompensadas se permanecermos n'Ele.

Ainda em meio a essa jornada, aprendi com o Senhor que, se decidimos viver de acordo com os parâmetros do outro, perderemos nossa identidade.

Não sei se você se lembra de momentos específicos em que, sem querer, abriu mão da sua identidade e não foi verdadeira com você mesma. Eu me recordo de várias ocasiões em que deixei de lado minha essência apenas para não passar vergonha ou ser julgada. Nesse sentido, a história de Daniel, em sua fidelidade, me confronta e ministra muito à minha vida sobre permanecer a mesma em qualquer circunstância e desafio. É um processo diário, uma escolha diária.

Quando pensamos em algo que é autêntico, de certa forma também podemos pensar em algo que não passou por reproduções inadequadas. A originalidade é testada por meio de análises realizadas sobre o objeto em questão, não é? Por exemplo, o ouro. Existem alguns testes que podem ser feitos para conferir se determinado material é realmente ouro. Há misturas de produtos em que você pode mergulhá-lo para, observando a reação, se certificar de que é genuíno, puro.

Podemos considerar que, de certo modo, Daniel passou por um "teste" semelhante a esse, você não acha? E, bom, ele passou, mostrando que era real, original, fiel.

Muitas vezes, nós também passamos — e passaremos — por situações parecidas no nosso dia a dia, talvez bem mais simples se comparadas a esse episódio de Daniel. Seja como for, o fim é o mesmo: chegarmos no resultado tão esperado, de que somos originais, de que há autenticidade e de que não passamos por mutação no processo. Permanecemos as mesmas como fomos feitas, obras originais.

Acredito que não existe uma receita de bolo prontinha para alcançarmos a autenticidade nos nossos dias ordinários, mas existem algumas formas de exercitarmos e perseguirmos ela, que acho bem válidas. Vamos lá?

Como abraçar — na prática — seu "eu autêntico"

- *Saiba quem você é*

Já conseguimos conversar sobre identidade há alguns capítulos, e que precioso que foi, não acha?! A meu ver, o primeiro passo é saber, de fato, qual é a nossa identidade — e creio que, a essa altura, você já se apropriou de tudo que Deus diz sobre quem você é, estou certa?

Pense comigo: há chance de vivermos de forma genuína se não sabemos quem somos? De jeito nenhum, não é? É o mesmo que dizerem para andar até chegar ao destino, mas não orientarem qual é o destino; você simplesmente caminhará perdida e, muito provavelmente, não chegará a lugar algum.

Além de buscar saber quem você é em Cristo, busque conhecer seus gostos aqui na Terra. O que você realmente tem prazer em fazer? Em quais atividades encontra satisfação? Por quais assuntos você se interessa e sobre o que passaria horas falando? O que deixa seu coração quentinho só de começar a pensar? O que você se enxerga fazendo daqui alguns meses ou anos? Quais são seus sonhos, suas metas? O que você pensa sobre tal e tal assunto? Quais são suas opiniões?

Beleza, o primeiro passo, e o mais essencial, você já tem dado.

- *Defina seus valores*

O que é realmente importante para você, amiga?

Definir e saber quais são os valores que você carrega a ajudará em decisões importantes e evitará que você vá contra (e abra mão) daquilo em que você acredita.

É fundamental, então, que você invista tempo firmando esses princípios cada dia mais.

Tenha certeza de que, quando você estabelecer os valores que guiam a sua vida, esse entendimento a pegará pela mão, orientando-a em suas decisões e influenciando seu comportamento diante de qualquer que seja o cenário.

Vamos supor, por exemplo, que você é solteira, uma mulher linda e abençoada, e se vê interessada por um homem. Só que, assim que vocês começam a conversar e a se conhecerem melhor, você percebe que ele não concorda ou não acredita ser necessário ter um namoro santo, se guardar para o casamento — talvez ele nem mesmo pense que se casar é importante.

Se você tem bem estabelecidos os seus valores, seus ideais e o que a Bíblia — que é o seu manual de vida — diz, logo você saberá que a decisão correta é não se relacionar com esse homem. Afinal, tudo o que ele acredita vai contra os **seus** valores e a verdade pela qual **você** vive. Se você concordasse em se relacionar com ele, automaticamente estaria abandonando tudo em que acredita.

Viu só? A decisão é muito mais fácil quando você tem seus valores estabelecidos.

- *Pare de tentar agradar a todos e se encaixar em tudo*

Chega um momento em que precisamos tomar algumas decisões, que, confesso, poderão ser desafiadoras. Talvez você tenha de abrir mão de algumas coisas na sua vida atual que não fazem mais sentido, que não condizem mais com o que você acredita e com o que deseja viver.

Você não precisa se encaixar em tudo; há certas coisas que simplesmente não foram feitas para você, ambientes que não agregam em nada na sua vida e relacionamentos que não a levarão a viver de forma autêntica e aliada ao seu propósito... Procure discernir!

Pode ser que, no meio do caminho, você ouça julgamentos e acabe decepcionando algumas pessoas que não concordam com as suas escolhas e decisões. Aceite: você não vai conseguir agradar a todos ao abraçar sua autenticidade. No entanto, como já dizia Paulo, guarde isto:

> *Por acaso eu procuro, agora, o favor das pessoas ou o favor de Deus? Ou procuro agradar pessoas? Se ainda estivesse procurando agradar pessoas, eu não seria servo de Cristo.* (Gálatas 1.10)

Não abra mão de quem você é pelos julgamentos. Preocupe-se apenas em procurar agradar ao Único que importa e a ser genuína, verdadeira e leal a você e a Deus.

- *Encontre formas de expressar sua autenticidade*

Como pontuei anteriormente, a Palavra de Deus é capaz de nos moldar quando perseguimos o Fruto do Espírito. A partir de então, seremos ensinadas a nos expressarmos com amor, mansidão, domínio próprio, e por aí vai...

Quando aprendemos a nos comportarmos da maneira certa — não mais como a velha criatura, mas como alguém que nasceu de novo —, com certeza caminharemos com maior satisfação e leveza. Construiremos uma melhor relação conosco (e, com certeza, com os outros também), uma relação sincera e gentil, sem guardar mágoas nem agir de forma impulsiva e rude. Saber se expressar com certeza nos auxilia a mantermos uma boa saúde mental e a ganharmos mais confiança para desfrutarmos dos nossos dias aqui na Terra.

Acho super válido também saber que podemos nos expressar com o exterior, com o nosso corpo, com nossos talentos e dons.

Eu amo ter *hobbies*! Você possui algum?

Gosto de pensar que também podemos expressar quem somos por meio da escrita, da dança, da nossa fala, da música, dos esportes, dos desenhos, do teatro, de inúmeras formas... são exemplos nos quais podemos facilmente usar nossos talentos, nossa autenticidade e nossa singularidade para glorificar a Deus, fazendo da forma que só nós conseguiríamos realizar.

Desafio *prático*

Em seu diário ou bloco de notas, faça uma lista dos seus valores e princípios, seguidos de versos bíblicos que sirvam de embasamento para eles. A seguir, anote aquelas que você acredita serem as características mais marcantes em você. Registre alguns pensamentos e opiniões acerca de assuntos que sejam do seu interesse e pense também em *hobbies* que você gostaria de iniciar ou desenvolver.

Capítulo oito

“**Você é perdoada!** Foi pago um alto preço por você, pela sua **liberdade**, um **preço de sangue.**”

Capítulo oito

Você já passou por quantos "primeiros dias de aula" em uma escola nova na sua vida? Pelo meu histórico de mudanças de cidade, você deve imaginar que já colecionei vários, claro, e está certa.

Todo primeiro dia de aula sempre foi um pesadelo para mim. É fato que eu gostava de mudar de cidade e de escola, mas só de pensar em cair de paraquedas numa sala onde praticamente todo mundo já se conhecia e tinha seu grupo enquanto eu não conhecia ninguém, me fazia entrar em desespero. Confesso que isso comprometia muitas das minhas horas de sono na noite anterior.

Enquanto deitava a cabeça no travesseiro, pensava em como iria agir quando me apresentassem como aluna nova. No intervalo, eu puxaria papo com algum grupo de meninas da sala para me incluir e sairmos juntas? Ou enrolaria na minha carteira e esperaria até que chegassem em mim e me convidassem? Em noites como aquelas, criava muitos cenários hipotéticos. Eu tinha um medo enorme de ser rejeitada e acabar sozinha (algo que já havia acontecido em uma época).

Não sei se o primeiro dia de aula de alguém que se considera uma pessoa confiante funcionava dessa mesma forma, mas o meu — uma garota cuja insegurança vinha junto na mochila — era um misto de medo e ansiedade com animação e esperança de viver algo incrível e diferente do costumeiro.

Nunca cheguei a ser a mais popular da sala — a que tinha mais amigos e que todos amavam. Pelo contrário, em algumas escolas, de certa forma, vivi o oposto. Claro, ao longo dos anos, consegui fazer ótimas amizades – daquelas de dormir na casa uma da outra, de ir ao shopping juntas, de compartilhar medos e colecionar boas memórias. Contudo, eu sempre consegui contar essas amizades nos dedos.

Hoje, percebo que a insegurança com a minha imagem, a falta de autoconfiança e a baixa autoestima impediram que eu vivesse muitas coisas, saísse mais cedo da minha zona de conforto —passo que é necessário para crescermos — e colecionasse novas amizades. Para ser sincera, nunca achei que um dia eu poderia me considerar alguém "confiante". Esse conceito parecia tão longe para mim. Agora, louvo a Deus, que me ensina mais a cada dia que a confiança pode ser algo palpável e que posso me apropriar dela.

A falta de autoconfiança nem sempre está atrelada somente à falta de satisfação com a nossa aparência, sabia? Na verdade, ela geralmente está mais relacionada ao conceito que temos de nós mesmas, ao que carregamos aqui dentro, mas nem sempre nos damos conta.

Você pode pensar: "Ah, hoje em dia, eu sou supersatisfeita com a imagem que eu vejo no espelho. Aprendi a amar minhas características exteriores e hoje eu sei qual é a minha identidade; aprendi a ser sábia no falar, tenho triunfado sobre a comparação diária toda vez que ela vem e aceitado o processo para viver de forma autêntica. Está tudo certo comigo". No fim das contas, porém, talvez você ainda não se sinta alguém confiante de fato, não sinta que desfruta de uma vida regada de confiança e não coloca tudo isso em prática. E por que será?

Não sei se essa seria a sua realidade, mas enxergo, na minha vida, que o que me paralisou na corrida em busca da confiança foi a falta de perdão.

"Ah, Qué, mas eu já perdoei as pessoas que me fizeram mal, já liberei perdão para fulana que me magoou e fiz as pazes com ciclana com quem eu estava chateada". Ok, ótimo, esse é um passo muito essencial. É importante liberar perdão para o próximo, deixar a amargura, o ressentimento e nos livrarmos desse peso, mas será que você já se perdoou?

A falta de autoconfiança nem sempre está atrelada somente à falta de satisfação com a nossa aparência, sabia?

Particularmente, eu ouvia que eu era perdoada, mas agia como se não fosse. Carregava culpa como se ainda fosse condenada pelo que havia feito no passado, e isso só me afastava da confiança. Quando achava que iria romper para viver algo novo e incrível, a autossabotagem surgia, lembrando-me do meu passado. Minha mente focava no que eu havia feito, em quem eu era, e logo me dizia: "Você? Viver isso? Está de brincadeira, né? Olha tudo que você já fez. Lembra aquele erro e aquele outro? Olha para a pessoa que você costumava ser", e essa voz me levava a pensar que eu não merecia viver algo lindo, que eu não merecia me sentir bem comigo mesma, que eu era uma farsa.

Às vezes, essa voz vinha de forma mais nítida e, em outros momentos, eu não a ouvia, mas inconscientemente ela me guiava, desanimava e desencorajava.

Por isso, quero reafirmar para você hoje, minha amiga: você é **perdoada**! Foi pago um alto preço por você, pela sua liberdade, um preço de sangue. Então, simplesmente se aproprie do perdão e se perdoe.

Você só irá desfrutar de autoconfiança e de uma vida de satisfação plena n'Ele quando abandonar a culpa, porque, *tchãram*, ela já não serve mais para você! Jesus levou toda a nossa culpa para que, hoje, fôssemos livres. Ele já pagou o preço, agora você pode desfrutar de confiança, minha irmã.

Então, simplesmente se aproprie do perdão e se perdoe.

Você é justificada, ou seja, foi inocentada, perdoada. Tenha gravado no seu coração: já não importa o que você fez no passado, os erros que cometeu, a pessoa que um dia você foi e da qual não se orgulha, tudo já ficou no **passado**, e Deus escolhe não Se lembrar mais disso (cf. Miqueias 7.19).

Em Filipenses, Paulo nos ensina muito sobre o que devemos fazer para prosseguir para o alvo de forma efetiva:

> *Irmãos, quanto a mim, não julgo havê-lo alcançado, mas uma coisa faço:* ***esquecendo-me das coisas que ficam para trás*** *e avançando para as que estão diante de mim, prossigo para o alvo, para o prêmio*

> *da soberana vocação de Deus em Cristo Jesus.* (Filipenses 3.13-14 – grifo nosso)

Simplesmente esqueça as coisas que ficaram para trás e mantenha seus olhos no alvo. **Você já recebeu o perdão de que precisava; você é perdoada!**

Quando mudamos nossa crença, nosso comportamento automaticamente também é transformado. Se você acredita de fato que foi chamada para viver com força, coragem e confiança — porque foi redimida e é livre —, seu comportamento irá acompanhar essa crença.

O pastor da minha igreja local, Daniel Joslin, sempre frisa esta verdade em meio às suas pregações: "Uma crença correta gera um comportamento correto", e não é que é mesmo? Todo comportamento (gerado por falta de autoconfiança nesse nosso cenário) tem uma crença por trás ("não sou digna, sou culpada"). Então, para vivermos de forma plena o que Ele separou para vivermos, temos de transformar essa raiz, crendo que fomos perdoadas de uma vez por todas e não há mais pendências para nos acusar.

Quando não aceitamos essa verdade, é como se anulássemos o sacrifício de Cristo na Cruz. Afinal, foi por isso que Ele Se entregou.

Agora que cremos de forma correta, nosso comportamento é transformado de acordo.

Vivendo de forma intencional

Pense rápido: qual é seu personagem favorito (fora Jesus) na Bíblia?

Acho que sempre há aqueles personagens que nos inspiram mais e acabam se tornando nossos preferidos, não é? Ah, eu tenho alguns, e pode parecer clichê uma garota cristã dizer o que vem a seguir, mas um dos meus personagens favoritos é a Rainha Ester. Por quê? Bom, ela me ensinou muito sobre confiança e coragem, e até hoje aprendo com ela quando releio sua história.

"Mas o que essa tal de Ester fez de tão especial, afinal?".

Trazendo um *flashback* da história de Ester, vemos que ela foi coroada rainha por causa de um concurso de beleza criado pelo rei a fim de substituir a rainha anterior. Naquele contexto, os judeus estavam sofrendo grande perseguição, e Ester, que havia sido coroada, era judia, mas guardava segredo por conta da situação atual. Tem toda uma história por trás, inclusive encorajo você a ler com calma e descobrir os detalhes, mas resumindo, chega um momento em que o rei é levado a criar um decreto para que o povo judeu seja destruído.

Mardoqueu, primo de Ester, sabendo dessa notícia, pede para que ela vá até o rei implorar por sua misericórdia e interceder pelo povo judeu, lutando pelo seu povo. É aí que vem aquela famosa frase (ouso dizer que talvez seja a mais famosa do livro): "[...] Quem sabe se não foi para um momento como este que você chegou à posição de rainha?" (Ester 4.14 – NVI).

Bom, vamos lá, após receber essa mensagem, Ester reúne coragem e faz um pedido ousado ao seu primo. Ela pede a ele para que junte todos os judeus de Susã e que eles jejuem por ela durante três dias e três noites para que, então, ela fosse até o Rei Assuero, mesmo contrariando a lei. Até hoje eu me arrepio ao ler a frase com a qual ela finaliza essa mensagem: "[...] Se eu tiver que morrer, morrerei" (v. 16 – NVI). Que mulher é essa? Que confiança é essa?

Uma curiosidade: você sabia que Ester é o único livro da Bíblia que não cita diretamente a palavra "Deus"? Ainda assim, isso não significa que Ele não está presente, pois o livro mostra que o Senhor cumpre suas promessas redentoras não só por meio de milagres inusitados, mas também em episódios comuns, e Ele permanece fiel às promessas de aliança que fez ao Seu povo no monte Sinai.

Continuando a história, o grande problema é que qualquer pessoa que entrasse na presença do rei sem um convite poderia ser condenada à morte, a não ser que ele estendesse seu cetro de ouro — sinal de que estava tudo bem e sua vida seria poupada. *Spoiler*: foi isso que Assuero fez quando Ester entrou decidida a lutar pelo povo hebreu; ele estendeu o cetro e deu sua palavra a ela, perguntando qual seria o seu pedido; mesmo que fosse a metade do reino, ele lhe concederia (cf. Ester 5.3). Uau!

Convenhamos, que situação um tanto quanto desafiadora, né? Muita coisa poderia dar errado em um contexto desse de tamanha perseguição e insegurança — e pensar que seria o fim de Ester caso o rei não aceitasse sua presença! Ela precisou de muita coragem e sabedoria para agir, tomando a decisão que iria mudar destinos. Era necessário que estivesse muito segura sobre quem ela era e o seu propósito como rainha naquele momento, confiando que, no fim das contas, haveria vitória.

Será que Ester não sentiu nem uma pontinha de medo? Bom, vamos ser sinceras, acho que qualquer pessoa ficaria um pouquinho apreensiva em uma situação como essa... Nesse sentido, há uma frase atribuída a C. S. Lewis de que eu gosto muito: "Não podemos, é claro, evitar ter medo, mas podemos e devemos evitar render-nos ao medo". Gosto dela porque ela mostra que o importante é não deixarmos que o medo tenha controle sobre nós, permitindo que a insegurança dite nossas vidas e impedindo-nos de vivermos com ousadia.

Amo como a confiança e a ousadia de Ester servem de inspiração para todas nós mulheres. Creio que, assim como ela, você possui um propósito para estar onde foi colocada. Então, quero trazer esse mesmo questionamento hoje: quem sabe não foi para um tempo como este, para este momento, que o Senhor a colocou onde você está?

Às vezes, temos o costume de diminuir o que estamos vivendo, a nossa realidade, minimizando a importância do propósito que o Senhor estabeleceu para nós nos ambientes que frequentamos, seja no cargo e na função que desempenhamos, na vida de cada uma das pessoas que cruzam nosso caminho, nos estudos, e por aí vai.

Ei, ei, ei! Você não precisa ser uma missionária que viaja por países perseguidos para ser importante e fazer a diferença, nem uma rainha da Pérsia que lutou pelo seu povo. Basta conhecer o seu valor, entendendo que pode fazer a diferença nos dias comuns.

Quando temos isso em mente, é como se o sensor de "viver intencionalmente", que outrora estava desligado, fosse ativado novamente, e passamos a ter mais ousadia e confiança. Faz sentido?

Assim como Mardoqueu relembrou Ester de seu propósito e da providência divina que guiava a sua vida, quero fazer com que você relembre que nada é por acaso.

O Senhor a plantou onde você está por um motivo. Que possamos voltar a viver de forma intencional, todos os dias, nos movendo com confiança, assim como Ester.

Você se lembra do que escrevi há pouco? Que quando cremos da forma correta, nosso comportamento é transformado de acordo? Ester teve esse posicionamento; ela sabia quem era e que poderia fazer a diferença onde havia sido plantada. A partir de então, foi gerado um comportamento condizente que a induziu a dar um passo de confiança. É assim que devemos nos mover para começar a viver em ousadia, sempre com uma crença verdadeira enraizada em nós.

Quem sabe não foi para um tempo como este, para este momento, que o Senhor a colocou onde você está?

Quando pensei em papear sobre confiança com você nessas páginas, minha ideia sempre foi ser o mais prática possível, porque podemos até ouvir muito sobre o assunto, mas oras, como buscar ser essa pessoa a cada dia **na prática**? De que maneira posso me apropriar da coragem e da confiança que estão logo ali à frente esperando por mim?

Sem mais delongas, "bora" para algumas estratégias práticas que podem nos ajudar a desenvolver a tão estimada autoconfiança? Separei sete tópicos que podem nos guiar nessa busca.

- *Tenha em mente seu propósito*

"Tá, mas o que tem a ver conhecer meu propósito com me tornar alguém mais confiante?" Minha amiga,

tudo! Alguém que sabe para que nasceu é alguém que tem em mente aonde deseja chegar — seu alvo, sua missão — e vive de forma intencional para alcançar esse objetivo.

Se você sabe por que faz o que faz todo santo dia, tem mais ânimo, entusiasmo, senso de importância e confiança para viver até mesmo ao levantar, porque entende que não é em vão que você tem acordado, pegado ônibus lotados, passado horas em um trânsito caótico ou então andado até a escola, a faculdade ou o trabalho...

Nós, seres humanos, temos esse desejo de nos sentirmos úteis, relevantes, de termos uma missão maior, e não apenas sobreviver, mas sim viver com significado e propósito. Esse senso de propósito traz maior satisfação e confiança, de modo que você não fica à deriva, mas segue uma direção clara.

- *Não busque suprir todas as expectativas — saiba dizer "não"*

Pode até parecer um tópico óbvio, mas, na prática, é bem desafiador, não é? Estamos constantemente buscando validação, buscando fazer tudo para todos e, muitas vezes, esquecendo-nos de nós mesmas no meio do caminho.

Se você leu esse tópico e na sua mente veio um "ixi", preste bastante atenção. Concorda comigo que, se tentarmos suprir as diferentes expectativas que cada um coloca sobre nós, ficaremos loucas e jamais conseguiremos de fato satisfazer todo mundo? É impossível. E outra: dessa forma, nós nunca seremos capazes de decidirmos por conta própria aquilo que realmente queremos e o que é importante para nós. Automaticamente, não conseguiremos ser quem desejamos e fomos chamadas para ser nem chegar aonde desejamos. Isso porque, nesse vício de querermos atender a todas as expectativas, minha amiga, nós acabamos nos perdendo de nós mesmas — e digo mais: ficamos cada vez mais distantes da vontade de Deus também.

Se você sabe qual é o seu propósito não será levada de um lado para o outro facilmente nem aceitará qualquer coisa. O problema é que podemos ficar tão imersas nesse ciclo vicioso, que acabamos deixando de lado o que **Deus** quer de nós, o que Ele espera e tem planejado para vivermos, e acabamos atrasando o nosso trajeto, nossa corrida para o alvo.

Então, minha amiga, sei que é desafiador, mas o "não" precisa fazer parte do seu vocabulário. Uma mulher confiante não diz "sim" para tudo — e, acredite, eu já fui essa pessoa. O "não", pasme, mostra que você sabe o que quer; que é, **sim**, seletiva com o que é importante, e está disposta a recusar aquilo que não está alinhado ao seu propósito com a consciência limpa.

A autora Elizabeth George nos faz atentar para algo importante em seu livro *Uma mulher segundo o coração de Deus*:

> Nós devemos dizer "não" não só a coisas erradas e pecaminosas, mas ainda a coisas agradáveis, lucrativas e boas, que prejudicariam e atrapalhariam o cumprimento de nossos grandes deveres e principais tarefas. [1]

---

[1] Elizabeth George, *Uma mulher segundo o coração de Deus*, 2013.

Assim, aprender a dizer "não" é um exercício diário e libertador. Só demonstra o quando você é confiante no que acredita e persegue.

- *Não maldiga a si mesma*

Uma mulher confiante não maldiz a si mesma. Pelo contrário, ela já entendeu o seu valor e o poder que a palavra que sai da sua boca tem, então trata a si mesma com muito amor, apesar dos seus erros e defeitos — que, convenhamos, todo mundo tem.

Se você é alguém que constantemente está proferindo palavras negativas sobre si, saiba que é essa a realidade que você está chamando à existência na sua vida. Enquanto não quebrar essa prática, você muito provavelmente não conseguirá se enxergar de forma confiante.

Pode parecer óbvio, mas preciso lembrá-la disto: ninguém é perfeito. Pare de se condenar por não ter se saído 100% em algo; você ainda é um ser humano que pode falhar, e isso só demonstra a nossa necessidade de ter um Salvador — até porque, se fôssemos perfeitas, Ele não precisaria ter descido do Céu para morrer em nosso lugar e pagar as nossas dívidas.

Algo que ainda é um desafio para mim, mas procuro me atentar sempre que sou conduzida a fazer, é evitar frases como "eu não posso", "eu não consigo fazer isso", ou então "eu sou péssima, uma negação total em tal coisa". Em lugar disso, procuro mostrar que estou disposta a vencer todos os desafios que vierem pela frente, mesmo que, às vezes, acabe falhando — e está tudo bem se falhar.

Outra mania que costumamos ter, e que só reafirma nossa "eu insegura", é não aceitar elogios. É bem provável que alguém já a elogiou, dizendo que você estava muito linda, e você soltou algo parecido com "Ah, minha filha, é só a maquiagem", ou "Ah, essa roupa? Eu tenho há séculos, é mais velha que eu". Já aconteceu com você? Comigo já, e várias vezes *hahaha*. Temos esse costume bobo de não saber aceitar elogios, mas, a partir de hoje, quero que você seja intencional em agir de forma oposta, ok? Aceite os elogios, mulher!

- *Descubra no que é boa e se aperfeiçoe nisso*

Outra forma de construir essa autoconfiança é sabendo no que somos boas. Você pode até pensar "Ah, o que eu faço bem? Acho que não me destaco em nada", mas, com certeza, existe algo em que você tem mais aptidão — talvez só não tem clareza ainda.

Para isso, minha dica para você é: tente lembrar em que as pessoas geralmente a elogiam. É uma forma mais certeira de apurarmos nossa visão sobre o que fazemos bem. Quando você tem em mente algo em que é boa e busca se aperfeiçoar nisso, automaticamente você está alimentando sua autoconfiança.

Fazer coisas legais das quais você se orgulha e que são prazerosas também é uma forma de construir essa confiança e, automaticamente, elevar a autoestima. Dentre essas coisas podem estar seus hobbies, aquelas atividades que aquecem o seu coração.

Pode ser ler um bom livro que agregue um aprendizado e que faça com que você se sinta super orgulhosa ao final da leitura; conhecer uma nova língua que você tem vontade de falar; aprender novos passos de um estilo de dança que você acha interessante (eu atualmente faço aulas de jazz e amo como me sinto após uma hora e meia); aprimorar seus conhecimentos sobre maquiagem e a forma com que você gosta de se maquiar; testar uma receita nova na cozinha... Enfim, pense naquelas coisas nas quais sente prazer e tome um tempo dos seus dias (pelo menos, uma vez na semana) para dedicar-se a elas. Tenha certeza de que, ao pôr isso em prática, naturalmente, você estará investindo em si mesma também, construindo sua autoestima e confiança.

- *Esteja em constante busca de conhecimento*

Buscar conhecer variados assuntos gera muita autoconfiança.

Para mim, sinto que as pessoas que exalam mais autoconfiança são aquelas que podem se sentar com você e manter uma conversa sobre diversos temas aleatórios com facilidade. Isso revela que ela é curiosa e se interessa por estar sempre aprendendo algo novo.

Ter conhecimento sobre mais de um assunto faz automaticamente com que uma pessoa se torne interessante e legal para manter uma conversar. Fora que, ao adquirir conhecimentos distintos, você mesma se sente muito mais confiante em ambientes sociais.

Amo conversar com mulheres que têm assunto e são capazes de desenvolver uma conversa legal simplesmente porque são antenadas sobre o que acontece no mundo e poderiam facilmente falar por horas sobre o que elas amam e se interessam.

- *Tenha sua confiança no Senhor*

Esse é, definitivamente, o tópico mais importante. A **maior** característica de uma mulher confiante é que a sua confiança está no Senhor.

Há um versículo em Salmos que afirma como é **feliz** aquele que **põe sua confiança no Senhor** (cf. Salmos 40.4) e, realmente, não existe a possibilidade de não vivermos confiantes a partir do momento em que nossa confiança está guardada no Senhor, sabendo que Ele, melhor que ninguém, sabe como cuidar de nós.

Quero compartilhar novamente um trecho do livro de Elizabeth George — um dos meus favoritos — com você:

> A confiança que vem de Deus vem com o trabalho do Espírito Santo em nós. Conforme oramos e fazemos escolhas que honram a Deus, o Espírito Santo nos enche com seu poder. Quando estamos cheios da bondade de Deus, tornamo-nos confiantes e efetivamente capazes de compartilhar seu amor e sua alegria. Como mulheres de coração aberto ao toque transformador do Espírito Santo, encontraremos a sua divina vida em nós transbordando nas vidas dos outros.
>
> Ainda como resultado da prática do princípio de não tomar qualquer decisão sem orar, experimentamos a certeza divina em todos os passos que damos. Conforme as atividades sobre as quais oramos

> e com as quais nos comprometemos se aproximam, podemos desfrutar da certeza de que elas são da vontade de Deus e podemos, então, chegar à sua execução com prazer, preparação e coragem.[2]

Após essa leitura, implementei de forma intencional na minha vida esse "lema" da autora: **"não tome nenhuma decisão sem antes orar"**. Minha amiga, você não sabe o quanto esse hábito me resguardou — e me resguarda diariamente — de péssimas e impensadas decisões.

Como costumamos tomar as decisões no dia a dia? Geralmente, elas são baseadas em nossos sentimentos e emoções: se estou disposta, eu aceito; se não estou a fim, eu não quero. A verdade, porém, é que, quando entramos em oração e consultamos a Deus a respeito de qual a melhor decisão para algo, temos convicção de que não estamos fazendo (ou deixando de fazer) algo porque era o nosso desejo, mas porque era da vontade d'Ele (que é boa, agradável e perfeita, certo?!).

Há alguns meses, fui convidada para fazer parte de um projeto incrível de garotas cristãs. Teve uma reunião online para a apresentação do projeto, e eu fiquei encantada. Ao final, perguntaram algo como "E aí, Qué, você gostaria de somar nesse projeto?" e, para ser sincera, naquele momento, minha resposta imediata seria um "sim" gigante — afinal, eu estava extremamente empolgada e inspirada com a apresentação. No entanto, logo veio uma voz lá no fundinho que dizia: "Quézinha, não tome nenhuma decisão sem orar". Então agradeci às

---

2 *Ibidem.*

meninas pelo convite e disse que buscaria a resposta de Deus em oração e retornaria.

Após esse tempo de oração, Deus imprimiu em mim a convicção de que aquele não era o momento certo para eu participar. O projeto era maravilhoso? Sim, mas não era o tempo certo. Deus estava cuidando de mim, do que Ele sabia que poderia ser gerado durante esse compromisso em um tempo não propício. Eu já estava com várias demandas, muitos compromissos e, provavelmente em meio a tudo isso, poderia entrar em desespero por não conseguir dar o meu melhor e fazer com zelo a parte que me seria destinada no projeto.

Confiar n'Ele e em Sua vontade gera em nós confiança para nos movermos e para tomarmos decisões.

> Quando as responsabilidades agendadas em meu calendário se aproximam, não sinto nenhum medo ou ressentimento; não me surpreendo: "Como foi que entrei nessa? O que eu estava pensando quando disse que faria isto? Queria não ter dito 'sim'!" Ao contrário, sinto uma sólida confiança — confiança em Deus — e a vibrante expectativa de imaginar o que Ele fará nesses acontecimentos.[3]

Existem versículos que são promessas do cuidado de Deus sobre mim e sobre você:

> *O Senhor os guiará continuamente, lhes dará de comer até em lugares áridos e fortalecerá os seus ossos. Vocês serão como um jardim regado e como um manancial cujas águas nunca secam.* (Isaías 58.11)

---

[3] Elizabeth George, *Uma mulher segundo o coração de Deus*, 2013.

> *Não foi isso que eu ordenei? Seja forte e corajoso! Não tenha medo, nem fique assustado, porque o Senhor, seu Deus, estará com você por onde quer que você andar.* (Josué 1.9)

Agora me fala: como não se sentir confiante diante dessas promessas do Senhor sobre nossas vidas?

Há ainda outro ponto que influencia muito nossa autoconfiança: nosso cuidado com o externo — mas sobre esse assunto conversaremos mais no próximo capítulo. Vamos lá?

Desafios práticos

Pense e pesquise acerca de assuntos sobre os quais você tem certa curiosidade, mas que, talvez, não façam parte do seu dia a dia. Isso pode ajudá-la a expandir seu campo de conhecimento e torná-la mais confiante em conversas variadas.

Procure ler bons livros de diferentes gêneros, assistir a filmes e documentários relevantes, inteirar-se de notícias sobre o que está acontecendo no mundo e ouvir podcasts (tanto cristãos como sobre outros temas para crescimento em diferentes áreas da vida). Aqui vão alguns podcasts cristãos que gosto de acompanhar: Dunamis Hangout; Stay True Podcast; Christ With Coffee and Ice; Junia Hayashi; Happy and Healthy Podcast; Girls Gone Bible; Sadie Robertson Huff; Saved Not Soft. Embora grande parte deles seja em inglês, o próprio Youtube oferece tradução em legenda.

Capítulo nove

“Cada **ação**
que realizamos
é um presente
e tem **poder**
de transformar
nossas rotinas,
de mudar o
nosso olhar e,
consequentemente,
impactar a vida
de quem
está conosco.”

Capítulo nove

> Cada centímetro quadrado de nossas vidas, cada segundo, é dele. Deve ser lembrado que a vida não consiste em uma série de ações ilustres, ou prazeres elegantes; a maior parte do nosso tempo passa no cumprimento das necessidades, no desempenho das tarefas diárias, na remoção de pequenos inconvenientes, na obtenção de pequenos prazeres.[1]

Arrumar a cama, escovar os dentes, lavar a louça, tomar um banho, aspirar a casa, pentear o cabelo. Tarefas simples e cotidianas, certo? Será que é possível glorificarmos a Deus ao fazermos o ordinário em meio às nossas rotinas? Ou nós apenas O glorificamos quando nos encontramos ajoelhadas em uma oração sincera?

Se, há alguns anos, você me perguntasse o que eu achava mais "espiritual" entre essas coisas, certamente diria que, com certeza, era a oração.

1 Tish H. Warren, *Liturgia do ordinário*, 2021, p. 5.

Estamos acostumadas a valorizar muito mais aquilo que, aos nossos olhos, parece mais "espiritual": as orações, as muitas horas passadas em tempo de devocional, os cultos de domingo, os projetos sociais, os evangelismos. Não me leve a mal — se você é cristã —, são coisas essenciais nas quais de fato devemos investir tempo. No entanto, isso acaba fazendo com que as demais tarefas diárias, aquelas com as quais já estamos acostumadas, pareçam supérfluas em nossa missão de glorificar a Deus aqui na Terra. Errado.

Honrar o Senhor não está restrito apenas às atividades, que, inconscientemente consideramos mais espirituais, mas também àquelas mais "comuns".

> Se Cristo passou a maior parte de sua vida de maneira cotidiana, então toda a vida está sob seu senhorio. Não há tarefa muito pequena ou muito rotineira para refletir a glória e o valor de Deus.[2]

Esse outro trecho do livro *Liturgia do Ordinário*, do autor Tish H. Warren, levou-me a uma demorada reflexão há alguns meses quando o li.

Amiga, pense comigo: Cristo nasceu, deu seus primeiros passos, participou de refeições, aprendeu a ler e a escrever, ajudou seus pais em casa, tomou banho, trabalhou, deitou-se e dormiu... Mesmo sendo Deus encarnado, Ele viveu Sua vida na Terra de forma muito semelhante a nós hoje. Jesus, apesar de extraordinário, em meio a sermões, ensinos, milagres, também experimentava momentos ordinários. Uau!

---

[2] *Ibidem*, p. 12.

> Frequentemente, quero pular as tarefas chatas do dia a dia para chegar à emoção de uma fé nervosa. Mas é no cotidiano da fé cristã — fazer a cama lavar a louça, orar pelos nossos inimigos, ler a Bíblia, o silêncio, o pequeno — que a transformação de Deus cria raízes e cresce.[3]

Há pouco mais de um ano, decidi adotar um hábito novo — romantizar a vida nos meus dias mais comuns. Calma, calma, calma, não é exatamente aquele "romantizar" que costumamos ouvir por aí! Para mim, trata-se de um lembrete para viver de maneira intencional, sabe? Experimentar todos os segundos do dia com a convicção de que cada parte dele, cada tarefa que, aos olhos naturais, parece tão insignificante, na verdade, carrega significado, propósito. O ordinário dos nossos dias importa, e eu posso — e devo — ver beleza nele.

Deus Se mostra a você em meio a sua leitura bíblica? Com certeza, mas Ele também quer que O vejamos ao arrumarmos a mesa para o jantar, cozinharmos uma refeição, lavarmos a louça, estendermos as roupas no varal, entre outras situações comuns. Você consegue reconhecer o privilégio que é fazer cada uma dessas coisas?

O Senhor a abençoou com uma mesa onde você pode fazer refeições com quem você ama; você pode fazer comida porque Ele lhe deu provisão para comprar os alimentos que a nutrem; a louça que você lava está ali porque houve comida nos pratos; as roupas que estende existem porque hoje você tem o que vestir. Deus está em tudo, então como não se alegrar com o ordinário, o cotidiano, o simples?

---

3 *Ibidem*, p. 22.

> O salmista declara: “Este é o dia que o Senhor fez”. Este. Não despertamos para uma misericórdia vaga ou geral de um Deus distante. Deus, em alegria e sabedoria, fez, nomeou e abençoou este dia comum. O que eu em minha fraqueza vejo como mais um dia monótono em uma série de dias, Deus deu como um presente singular.[4]

A forma como decidimos viver nossos dias aqui na Terra diz muito sobre o que nós cremos. Cada ação que realizamos é um presente e tem poder de transformar nossas rotinas, de mudar o nosso olhar e, consequentemente, impactar a vida de quem está conosco. A autora Elizabeth Elliot disse:

> O modo como você mantém sua casa e como organiza seu tempo, o cuidado que você dispensa à sua aparência pessoal, aquilo com que você gasta seu dinheiro, tudo isso fala claramente acerca daquilo em que você crê.[5]

Em que nossas ações têm demonstrado crermos? Testemunhamos nossa fé não somente ao dobrarmos os nossos joelhos, mas também ao limparmos o chão de nossas casas, tirarmos o pó dos móveis, organizarmos o armário, ou ao arrumarmos nossa cama pela manhã.

> “A sublime beleza da Tua paz” brilha em uma vida ordenada. Uma vida desordenada fala claramente acerca de uma desordem na alma.[6]

---

4 *Ibidem*, p. 11.

5 Elizabeth Elliot, *Deixe-me ser mulher*, 2021, p. 37.

6 *Ibidem.*

O que você tem feito com o que lhe foi confiado? Você tem cuidado do seu lar, do seu corpo, mantido as coisas em ordem?

Você consegue reconhecer o privilégio que é fazer cada uma dessas coisas?

Minha missão neste capítulo é ser aquela amiga sincera que olha nos seus olhos e não diz o que você **deseja**, mas aquilo que você **precisa** ouvir. Prometo que essas páginas irão impulsioná-la a viver seus dias aqui na Terra de forma mais intencional e saudável, assim como um dia eu fui inspirada a fazer.

Posso dizer que tudo começou a fazer mais sentido para mim quando entendi melhor o que Paulo diz em 1 Tessalonicenses 5.23:

> *O mesmo Deus da paz os santifique em tudo. E que o* ***espírito****, a* ***alma*** *e o* ***corpo*** *de vocês sejam conservados íntegros e irrepreensíveis na vinda de nosso Senhor Jesus Cristo.* (grifos nossos)

Você e eu, minha amiga, somos corpo, alma e espírito, e a ordem que nos foi deixada é que sejamos intencionais a fim de mantermos **os três** saudáveis e inteiros até a vinda do nosso Salvador.

Já percebeu também que muito se comenta sobre cuidar da alma e do espírito, mas pouco se fala sobre manter o nosso corpo são e irrepreensível (ou seja, sem falhas, perfeito)?

Muitos esquecem — e eu, por longos anos, também não me atentei — que o cuidar do corpo, que nos foi dado por Deus também glorifica o Seu nome. Há quem diz que isso é futilidade e que o que importa mesmo é ter uma agenda de igreja, fazer e fazer mais coisas, levar a Palavra, testemunhar acerca do Evangelho, dedicar-se ao trabalho, cuidar da família...

Ok, essas coisas realmente são importantes, mas como cumpriremos tudo isso? Como cumpriremos o Ide (cf. Marcos 16.15), o nosso chamado, se a forma como cuidamos do nosso corpo abrevia nossos dias aqui? Se temos negligenciado nossa saúde para termos a disposição de ir, acordar, levantar da cama e fazer o que fomos chamadas para fazer?

Durante quase todos os meus anos de vida, não me importei muito em cuidar do meu corpo. Acostumei-me a olhar para o espelho e me sentir frustrada com o que via: um corpo falso magro, completamente inflamado, inchado e com um percentual de gordura elevadíssimo. Nada saudável. Meus dias eram regados por desânimo, tontura, ansiedade, irritabilidade, dores abdominais, todos eles frutos da minha falta de cuidado com o corpo.

Eu estava em todos os cultos de domingo, frequentava a célula todas as quintas-feiras, era ativa no ministério infantil da minha igreja, tinha uma vida de oração, separava meu tempo de devocional com Deus, dedicava-me a momentos de leitura de livros cristãos para crescer ainda mais em sabedoria. Tudo muito maravilhoso, mas aquela área de cuidado com o corpo que Deus me deu, eu estava ignorando. Manter meu corpo irrepreensível até a volta de Cristo? Passava longe.

Eu havia entregado a Ele os demais âmbitos da minha vida, mas a minha saúde, eu preferia jogar para baixo do tapete e deixar lá quietinha. Não queria mudar meus velhos hábitos — hábitos não saudáveis que carregava comigo por quase uma vida toda.

Pouco mais de um ano e meio atrás, contudo, decidi que finalmente não iria mais negligenciar essa área, e não, não foi exatamente fácil sair da zona de conforto e passar a glorificar a Deus com o cuidado com meu corpo também, mas foi uma das melhores decisões que já tomei.

> [...] O cristianismo que encontramos nas Escrituras valoriza e honra o corpo.
> Na raiz, o Cristianismo é uma fé totalmente corporificada. Acreditamos na encarnação — Cristo veio em um corpo. E embora ele possa não ter escovado os dentes com uma escova Colgate rosa como a minha, ele passava seus dias no mesmo tipo de manutenção corporal que nós. Ele dormiu. Ele comeu. Ele se arrumou.
> Nas Escrituras, descobrimos que o corpo não é um acessório de nossa fé, mas parte integrante de nossa adoração. Fomos feitos para ser corporificados — para experimentar vida, prazer e limites em nossos corpos. Quando Jesus nos redime, essa redenção ocorre em nossos corpos. E quando morrermos, não flutuaremos para o céu e deixaremos nossos corpos para trás, mas experimentaremos a ressurreição de nossos corpos. O próprio Cristo apareceu após sua ressurreição em um corpo comedor e bebedor misteriosamente mudado, mas carnudo. Mesmo agora, ele permanece em seu corpo.[7]

Para que tenhamos saúde e vivamos de forma plena — com disposição, força e ânimo, além de satisfação com

7 Tish H. Warren, *Liturgia do ordinário*, 2021, p. 24.

o que vemos no espelho —, precisamos dar o primeiro passo e sair da zona de conforto. Você provavelmente conhece os versículos sobre a mulher virtuosa, não é? Provérbios 31.17 diz que ela "entrega-se com vontade ao seu trabalho; seus braços são fortes e vigorosos" (NVI). Em outra tradução, diz que ela "cinge os lombos com força e fortalece os seus braços" (NAA).

A mulher virtuosa fortalece os seus braços; ela é forte e usa essa força para realizar o seu chamado. Para executar suas tarefas do dia a dia, trabalhar, cuidar da sua família, cozinhar refeições deliciosas, aproveitar com disposição o tempo de qualidade com quem ela ama... De modo semelhante, precisamos fortalecer os nossos braços, buscando um corpo forte que nos possibilite vivermos a plenitude do nosso chamamento.

Eu não tinha um corpo forte. Achava que Deus estava contente com a minha entrega e disposição em servir no meu ministério e que isso bastava, mas, no fundo, sabia que precisava entregar integralmente minha vida, a fim de glorificar Seu nome em **tudo** que fizesse.

Dois terços (alma e espírito) não bastavam. Jesus não Se entregou pela metade por mim; foi por inteiro! Jesus não viveu uma vida cumprindo dois terços do plano de Deus; Ele viveu plenamente, 100%. Se Jesus é meu modelo, eu sabia que deveria render o outro terço (meu corpo) à Sua soberania também.

Ouvimos falar constantemente que somos templo do Espírito Santo, mas será que realmente vivemos com essa verdade enraizada em nós? Vivemos uma realidade condizente com essa maravilhosa notícia? Paulo disse a esse respeito: "Vocês não sabem que são santuário de

Deus e que o Espírito de Deus habita em vocês?" (1 Coríntios 3.16). Ele também afirmou:

> *Será que vocês não sabem que o corpo de vocês é santuário do Espírito Santo, que está em vocês e que vocês receberam de Deus, e que vocês não pertencem a vocês mesmos? Porque vocês foram comprados por preço. Agora, pois, glorifiquem a Deus no corpo de vocês.* (1 Coríntios 6.19-20)

Quando cremos com o nosso coração e declaramos com a nossa boca que Jesus é nosso Senhor e Salvador, automaticamente passamos a ser templo do Seu Espírito Santo, Sua habitação. Uau, que privilégio! Se um dia você fez essa oração, minha amiga, tenha a convicção de que Ele habita dentro de você.

Se diariamente vemos importância em cuidar da casa onde moramos, organizando as coisas no seu devido lugar, limpando aquilo que está sujo, consertando o que está com defeito ou então substituindo por algo novo que de fato funcione, fazendo tudo para vivermos da maneira mais agradável possível, com qualidade de vida, quanto mais devemos cuidar dos nossos corpos, nos quais o Espírito de Deus reside.

Fomos chamadas para administrarmos da melhor forma o corpo que nos foi dado como presente, enxergando-o com amor e tratando-o com cuidado.

Nossa vida é feita de escolhas, e a moldamos de acordo com elas. O pastor da minha igreja local sempre frisa o fato de que "mesmo quando decido não fazer uma escolha, eu já estou escolhendo". Faz sentido? Por exemplo, se hoje decido continuar alimentando os mesmos maus hábitos sem sair da minha zona de conforto para cuidar do meu corpo e glorificar a Deus, eu já estou escolhendo. Estou escolhendo permanecer a mesma.

Diante dessa realidade, temos duas escolhas: continuar ignorando a importância do cuidado com o templo (nosso corpo); ou passar a ser mais intencional em desenvolver um estilo de vida mais saudável, tendo Jesus como modelo.

> Por meio da prática de uma liturgia corporificada, aprendemos o verdadeiro *telos* (do grego, significa "finalidade" ou "fim") da corporificação: nossos corpos são instrumentos de adoração.
> Quando fico diante da pia escovando os dentes e vejo meu reflexo no espelho, quero que seja um ato de bênção, onde me lembro que esses dentes que estou escovando são feitos por Deus para um bom propósito, que meu corpo é inseparável da minha alma, e que ambos merecem cuidados. Por causa da obra encarnada de Jesus, meu corpo está destinado à redenção e à adoração eterna - para pular, pular e girar eternamente e levantar as mãos e ajoelhar-se e dançar e cantar e mastigar e provar.[8]

O que você deseja escolher hoje?

Minha amiga, existem algumas formas práticas de perseguir essa vida mais saudável que glorifica a Deus. Esses dois hábitos a seguir mudaram minha realidade, e oro para que você também tenha seus dias transformados por eles, para viver uma vida com longevidade (que

---

8 *Ibidem*, p. 29.

não se restringe somente a viver por mais tempo, mas da melhor forma possível, com qualidade).

Cuidando do templo: alimentação

Quantas e quantas vezes já não me sentei à mesa pronta para comer e fiz orações em gratidão a Deus pelo alimento, pedindo a Ele para que viesse a fazer bem para o meu corpo, embora a qualidade do alimento — que eu iria ingerir em instantes — estivesse na contramão desse pedido? Alimentos que não iriam nutrir o meu corpo, mas que certamente me inflamariam, causando dores abdominais, alterando meu humor e gerando fadiga.

Não me entenda mal, amiga, minha intenção aqui não é levá-la a ser extremista e fazer você parar de comer tudo de que você gosta, não! Quero, na verdade, fazê-la observar seus hábitos alimentares e analisar o que você pode melhorar para ter mais nutrição e, automaticamente, mais disposição, satisfação, vigor mental e físico no geral.

Passar a preferir alimentos naturais aos alimentos artificiais e superindustrializados, por exemplo, ajudou a modificar minha rotina, minha vida, tudo.

Quero citar palavras do Dr. Aldrin Marshall, cristão e médico pós-graduado em Medicina Bioquímica e Prática Ortomolecular e Nutrologia, que tem propriedade para falar sobre a diferença que há entre os alimentos naturais e os artificiais e o que eles são capazes de fazer por nós:

> Os **alimentos naturais** foram criados especificamente para nosso consumo, portanto não são acrescidos de substâncias químicas nem são

quimicamente alterados. Fazem parte desse grupo frutas, vegetais, grãos, sementes, nozes, carnes, gorduras e derivados lácteos. Por exemplo, uma fruta é o padrão de doce perfeito.

Foi criada por Deus e tem a medida certa de açúcar (frutose), enzimas, fibras, vitaminas, sais minerais e fitonutrientes. Esses últimos são substâncias produzidas pela planta que a protegem de doenças e agressores, e ao serem consumidas também vão desempenhar essa importante função no organismo humano.

Alimentos artificiais são o oposto disso. São produtos alterados para durarem o máximo de tempo possível e recebem a adição de substâncias químicas a fim de prolongar sua validade. São viciantes para o consumidor, pois contêm substâncias que enganam o cérebro, como o glutamato monossódico. O mecanismo de ação desse produto envolve a hiperestimulação dos neurônios. É como se você colocasse uma lâmpada elétrica de 110V em um soquete de 220V, e isso pode causar morte prematura. Essa substância também faz com que o pâncreas produza mais insulina. O açúcar no sangue diminui mais rápido devido ao excesso de insulina e faz com que você sinta mais fome ainda.[9]

Já compartilhei algumas vezes nos *stories* do Instagram que, antes de tomar a decisão de adicionar mais refeições com alimentos naturais, aprendendo a como levar uma vida mais saudável, meus dias eram regados por desânimo, e o que os meus amigos mais ouviam quando estávamos juntos antes de comermos era "gente, *tô* com tontura". Eu não me alimentava bem,

[9] Aldrin Marshall e Luciano Subirá, *Rumo aos 120 anos*, 2024.

comia pouco e quando o fazia, comia alimentos errados. Consequentemente, nunca tinha energia para fazer muita coisa e sempre estava com tontura e precisando beliscar mais e mais comida.

Procurei um nutricionista, e ele me ajudou muito a entender, nesse processo, que eu não precisava comer pouco, mas de forma saudável uma quantidade que me saciasse e sustentasse para não passar o dia "mortinha".

No começo, costuma ser mais desafiador abandonar os maus hábitos porque, fala sério, muitas das vezes, nós os carregamos há décadas. Entretanto, no processo, você se apaixona ainda mais pela vida, pela rotina, por tudo que uma alimentação nutritiva pode proporcionar. Não falo somente no sentido estético (que também é consequência, claro). Interiormente, sua disposição também muda; seu humor fica outro; aquelas dores chatas de indigestão tornam-se bem mais raras. Não existe contraindicação em decidir cuidar do corpo.

Percebo que, sem querer, passamos a normalizar o comer desenfreadamente só porque o cristão tem a fama de comer muito. Quantas vezes já não ouvimos piadinhas como: "Ah, o cristão não bebe, mas o que ele come não é brincadeira...". Nós acabamos tomando isso como verdade e guiando nossas refeições a partir disso.

Se nascemos de novo, não podemos aceitar um padrão de vida que não combina mais conosco. Negligenciar o corpo já não é mais uma realidade aceitável para uma filha de Deus que é habitação do Seu Espírito.

> *Quanto à maneira antiga de viver, vocês foram instruídos a deixar de lado a velha natureza, que se corrompe segundo desejos enganosos, a se deixar renovar*

> *no espírito do entendimento de vocês, e a se revestir da nova natureza, criada segundo Deus, em justiça e retidão procedentes da verdade.* (Efésios 4.22-24)

Gosto de ler esses versículos na versão A Mensagem, que é uma paráfrase da Bíblia:

> *Agora é hora de ter um estilo de vida totalmente novo, zerado — uma vida planejada por Deus, renovada a partir de dentro; uma vida que muda para melhor a conduta de vocês e que faz o caráter de Deus tornar-se realidade em nossa vida.*

Um estilo de vida novo.

Escolher consumir aquilo que traz vida foi uma decisão maravilhosa e, sempre que tenho a oportunidade de compartilhar sobre isso em meio a conversas com amigas, eu compartilho. Há pouco mais de um ano e meio, adotei o que o Dr. Aldrin também compartilha em seu livro:

> Então, um novo parâmetro foi estabelecido: eu quero viver até morrer, em vez de apenas sobreviver até morrer![10]

Cuidando do templo: exercite-se

Muitos apontam os exercícios físicos como futilidade, mas eu preciso discordar. Fomos feitas para nos

10 *Ibidem.*

mover. Jesus, durante sua vinda à Terra, se movimentou, e muito.

> [...] essas pequenas tarefas de cuidar de nossos corpos, por mais cotidianas que sejam, agem como uma confissão corporificada de que nosso Criador, que misteriosamente se tornou carne, fez nossos corpos bem e merece adoração em e através de nossas células, músculos, tecidos e dentes.[11]

Comecei a fazer musculação por volta dos meus dezessete anos e, sim, nesse meio tempo, até os vinte e três anos, já parei algumas vezes, e sofri com a inconstância, a falta de vontade e a preguiça de sair da zona de conforto, colocar uma roupa e ir. Posso dizer, no entanto, que desde que decidi colocar a prática regular de exercícios físicos como uma das minhas prioridades, não consigo nem contar quantos foram os benefícios dessa escolha.

Iniciei essa jornada apenas pela parte estética, confesso, pois não estava contente com o corpo inflamado que eu via no espelho. Porém, com o tempo, passei a enxergar a importância além do visual, percebendo o quanto praticar uma atividade física me ajudava em todas as outras áreas da minha vida. Sei que, hoje em dia, nossas rotinas diárias são abarrotadas de afazeres, compromissos e obrigações, mas é fato que precisamos priorizar o que deve ser priorizado.

Costumamos colocar os mesmos empecilhos para começar. É sempre "na segunda-feira eu começo", "ah, não, não estou com tempo para treinar" ou então "*ixi*, ultimamente não está cabendo no bolso pagar uma academia. Vou deixar para daqui a um tempo".

---

11 Tish H. Warren, *Liturgia do ordinário,* 2021, p. 27.

Minha amiga, temos solução para tudo. Não me diga que você não tem quinze ou trinta minutinhos para fazer uma caminhada, uma corrida, pedalar um pouco ou então um treino dentro da sua casa mesmo. Se existe a possibilidade de fazer parte de uma academia, eu a incentivo a fazer isso; mas se hoje você não pode, dê o passo de começar na sua casa, com o que tem em mãos.

Já perdi as contas de quantas vezes coloquei treinos no Youtube, na sala de casa. Simplesmente não há desculpas para ficar parada; hoje em dia, temos acesso a milhares de planos gratuitos montados e postados nas redes. Basta pesquisarmos e escolhermos o que melhor se encaixa na nossa rotina.

Praticar atividade física regularmente, nem que sejam trinta minutinhos por dia, traz tantos benefícios! Vou citar alguns deles para você:

- prevenção do câncer, ativando o sistema imune e otimizando o sistema linfático;
- controle da Diabetes tipo 2;
- peso saudável;
- auxílio no processo de desintoxicação de impurezas;
- controle do envelhecimento;
- melhora na qualidade do sono — reduz os distúrbios do sono;
- prevenção de osteoporose;
- alívio de dores em geral;
- aumento da produção de ATP (energia) celular, sendo uma das mais poderosas armas contra a fibromialgia;

- regularização da função intestinal;
- combate dos transtornos ansiosos e depressivos ao aumentar a produção de serotonina e dopamina;
- redução no estresse;
- fortalecimento do sistema cardiovascular.

Adianto que, no início, talvez você tenha até vontade de desistir, principalmente pelas dores dos primeiros dias — saiba que elas são supernormais e, depois de um tempo, o corpo se acostuma a elas. Decida permanecer, então, firme no objetivo e, com o tempo, você vai observar isso se tornando um hábito. Confie em mim, você até sentirá falta quando não se exercitar, de tão bem que isso fará você sentir.

Quero lembrá-la de que nunca é cedo ou tarde demais. Não importa se você tem quinze ou trinta e cinco anos, o melhor momento para começar é agora, hoje. Escolha priorizar o que deve ser priorizado e tome conta desse presente que foi dado a você. Você pode glorificar o seu Criador cuidando do que Ele te entregou. *Holy girls* cuidam do templo.

> *Amado, peço a Deus que tudo corra bem com você e que esteja com* ***boa saúde****, assim como vai bem a sua alma.* (3 João 1.2 – grifo nosso)

Se você ainda não pratica nenhum exercício físico, coloque como meta iniciar de quinze a trinta minutos por dia alguma atividade de sua preferência, ao menos três vezes na semana — e, ah, pode me marcar *(@quebonato)* sempre que quiser compartilhar nos

Desafios práticos

stories sua rotina de cuidado com o templo — eu vou amar ver!

Analise seu dia a dia e estipule um horário fixo para dedicar-se à prática do exercício que você escolheu. Isso fará com que você seja mais constante e não se esqueça de fazê-lo.

Capítulo dez

“Alguém que
já passou
por **todas as
dificuldades**
aqui na Terra
e **pode nos
ajudar** a
passar pelas
nossas.
**Ele estará
comigo e
com você.**”

Capítulo dez

Praias são meu ponto fraco. Simplesmente amo ir à praia! Acho que a considero meu lugar de conforto, uma fuga da rotina, sabe?

Amo afundar meus pés na areia assim que adentro a orla, sentar-me na cadeira de praia e sacar de dentro da *ecobag* meu livro da vez. É incomparável a sensação de ler com o barulho do mar como trilha sonora ao fundo sem me importar de passar o dia com o cabelo molhado e mais natural possível, e o pôr-do-sol do céu também fica mais lindo do que qualquer outra coisa que já contemplei; a mistura de suas cores fica absurdamente estonteante.

Ainda assim, há algo que não amo tanto: passar protetor solar.

Na verdade, não é que eu não goste, sabe? Simplesmente esqueço-me de que preciso reaplicar ao longo do dia — e você já deve imaginar que as consequências não são tão boas assim.

Estou cansada de saber que, para não me queimar (e acredite em mim, já colecionei várias queimaduras ao longo dos anos), tenho de passar protetor solar. O fato é que, frequentemente, sinto preguiça de me levantar de onde estou sentada só para pegar o bendito tubo.

Às vezes, vivemos como a Quézia na praia, mesmo sabendo que, se não aplicarmos o protetor solar devidamente (e, aqui, espero que você entenda que não, não estou falando do protetor solar *haha*), não teremos a proteção de que precisamos. Ter o conhecimento do risco de sofrermos queimaduras e, mesmo assim, não o colocarmos em prática é o mesmo que nada.

Aprendemos muito até aqui, mas para que todo esse aprendizado gere furtos e seja eficaz, é necessário que o tiremos do papel.

Por isso, amiga, essas páginas são dedicadas a servir de impulso para que você pratique tudo o que papeamos ao longo dos capítulos, e mais: viva a sua melhor versão, segundo a Palavra de Deus. Vamos juntas?

Sou apaixonada pelo livro de Provérbios no geral. Ele é, definitivamente, um dos meus favoritos da Bíblia, e arrisco dizer que se todo mundo investisse alguns minutos por dia para ler aquelas passagens — bem como o restante da Bíblia, é claro —, as pessoas saberiam lidar de forma muito mais assertiva com as situações da vida.

Provérbios todo é maravilhoso e inspirador, mas tenho um lugarzinho especial no meu coração para um capítulo em específico: Provérbios 31.

As Escrituras estão repletas de ensinamentos de como sermos uma mulher segundo o coração de Deus, como sermos nossa melhor versão, mas esse capítulo especificamente dá um exemplo explícito de uma mulher temente a Deus, e todos enxergam isso, a mulher virtuosa.

Às vezes, passamos tanto tempo almejando ser parecidas com determinadas personalidades das mídias que sequer conhecemos profundamente — e, no fim das contas, elas nem correspondem àquilo que mostram —, que nos esquecemos desse grande exemplo na própria Bíblia.

Muitas leem aquelas linhas de Provérbios 31 e se sentem desanimadas, frustradas, porque a mulher virtuosa parece perfeita demais, inalcançável, irreal. Contudo, gosto de trazer uma outra perspectiva, usando-a para me inspirar como alguém com que busco me parecer mais e mais a cada dia.

Em 2022, decidi escrever em um *post-it* uma listinha das qualidades dessa mulher e colá-la na primeira página da minha Bíblia. Desse modo, sempre que passasse os olhos por ela ao fazer meu devocional, eu me lembraria de perseguir essas virtudes ao longo de mais um dia.

Quero compartilhar com você as virtudes dessa mulher de Provérbios 31 que podemos perseguir diariamente para nos tornarmos nossa melhor versão a cada dia, não segundo fontes da minha cabeça, mas segundo a Palavra de Deus.

- *Ela é confiável* — "Seu marido tem plena confiança nela e nunca lhe falta coisa alguma" (v. 11 NVI). Essa mulher não dá motivos para desconfiarem do seu caráter; ela é verdadeira e fiel.

- *Faz o bem* — "Ela só lhe faz o bem, e nunca o mal, todos os dias da sua vida" (v. 12 – NVI). Ela não investe seu tempo fazendo o mal, arquitetando vingança, fofocando, nem nada do tipo, mas o dedica para fazer o bem — seja para seu marido ou para qualquer pessoa que passe pela sua vida.

- *Trabalha com prazer* — "Escolhe a lã e o linho e com prazer trabalha com as mãos" (v. 13 – NVI). Ela não se levanta murmurando por ter de trabalhar, mas valoriza o seu trabalho e o realiza com prazer, com satisfação.

- *Acorda cedo* — "Antes de clarear o dia, ela se levanta, prepara a comida para todos os da casa e designa tarefas às suas servas" (v. 15 – NVI). Ela é focada e acorda cedo para iniciar seu dia. Ela sabe que cumprirá de forma mais tranquila as demandas se acordar cedo, porque assim terá muito mais horas em seu dia, logo, ele será muito mais produtivo.

- *Tem um corpo forte* — "Entrega-se com vontade ao seu trabalho; seus braços são fortes e vigorosos" (v. 17 – NVI). A mulher virtuosa sabe que um corpo forte lhe proporciona disposição para cumprir suas tarefas, seu chamado, a fim de viver seus dias com muito mais vigor e satisfação, produzindo também uma mente forte.

- *Administra bem as finanças* — "Ela percebe que o seu comércio é lucrativo, e a sua lâmpada fica acesa durante a noite" (v. 18 – NVI). Ela não gasta todo seu lucro com coisas supérfluas, mas administra cada centavo com muita sabedoria. A segunda parte do versículo diz que "a sua lâmpada fica acesa durante a noite", o que significa que sua casa era próspera, que não se preocupavam em gastar luz, demonstrando sua riqueza. Parte disso, com certeza, é fruto da sua boa administração financeira.

- *Ajuda quem precisa* — "Acolhe os necessitados e estende as mãos aos pobres" (v. 20 – NVI). Ela tem empatia e não titubeia para ajudar o próximo, acolhendo-o, pois sabe que Deus a chamou para isso também — esse é o verdadeiro Evangelho.

- *É forte e digna* — "Revestese de força e dignidade [...]" (v. 25 – NVI). Ela é forte porque se reveste diariamente com a força e a dignidade que vêm do seu Pai, Deus, apropriando-se dessa realidade a ponto de todos conseguirem ver essas virtudes refletidas nela.

- *Sorri diante do futuro* — "[...] e, quanto ao dia de amanhã, não tem preocupações" (v. 25). A mulher virtuosa sorri para o futuro (NVI) porque ela sabe o Deus a Quem serve e sequer deixa que a preocupação e a ansiedade tenham lugar e permaneçam em sua mente. Ela simplesmente confia n'Aquele que cuida do seu amanhã e sabe que a Sua vontade é boa, agradável e perfeita (cf. Romanos 12.2), então para que se preocupar? Ele está sempre atento, como Pedro escreveu em sua primeira carta: "Lancem sobre ele todas as suas ansiedades, porque ele cuida de vocês" (1 Pedro 5.7).

- *Fala com sabedoria* — "Fala com sabedoria e ensina com amor" (v. 26 – NVI). Ela sabe discernir o momento certo para falar e sempre tem palavras de vida, palavras agradáveis, nos seus lábios. Sabe que a palavra certa na hora certa, e de forma certa, promove vida. Amo estes versículos de Provérbios sobre a importância de ter sabedoria no falar:

  As palavras agradáveis são como um favo de mel, são doces para a alma e trazem cura para os ossos. (Provérbios 16.24)

  O falar amável é árvore de vida. (Provérbios 15.4)

  Dar resposta apropriada é motivo de alegria; e como é bom um conselho na hora certa! (Provérbios 15.23)

  Há palavras que ferem como espada, mas a língua dos sábios traz a cura. (Provérbios 12.18)

- *Cuida da sua casa e não é preguiçosa* — "Cuida do bom andamento da sua casa e não come o pão da preguiça" (v. 27). Ela não negligencia o cuidado com o seu lar, não procrastina o que tem de ser feito e sabe que a ordem da sua casa reflete a ordem em que se encontra o seu interior.

- *Teme ao Senhor* — "A beleza é enganosa, e a formosura é passageira, mas a mulher que teme ao Senhor será elogiada" (v. 30 – NVI). Uma mulher virtuosa sabe que a maior qualidade que pode ter é ser temente a Deus. Sua principal beleza não está no seu exterior, mas em um coração dependente do Senhor; isso é o que permanece.

Agora, caso queira, deixo aqui um incentivo para que você faça o mesmo que eu, e anote em um *post-it*, ou algo do tipo, essas virtudes da mulher de Provérbios 31 para se lembrar sempre de as perseguir também.

Não somos diferentes

Querida leitora e amiga, ao longo da minha caminhada com Jesus, já vivi muitas coisas. A minha jornada em busca de me tornar uma mulher segundo o Seu coração nem sempre foi linear — pelo contrário, já passou por vários altos e baixos.

Sei que, nessa era em que quase ninguém vive sem um celular na mão — checando as redes sociais a todo minuto —, temos a tendência de achar que sabemos tudo sobre alguém só porque acompanhamos sua "vida toda" no *feed*. No entanto, por mais óbvio e clichê que pareça o que vou dizer em seguida, isso é um engano. Ninguém mostra 100% do seu dia nos *stories*, ninguém costuma compartilhar as lutas pelas quais passou na última semana ou falar sobre suas frustrações por ter falhado em algo; ninguém mostra absolutamente tudo. Eu não mostro.

Por que estou dizendo isso? Quero que saiba que não sou diferente de você.

Temos a mania de medir o que temos feito a partir do que vemos nos *stories* de alguém, chegando até mesmo a nos sentirmos "atrasadas" ou "estagnadas", e isso é uma bobagem. Todas nós temos dias e dias.

Quero dizer que, assim como você, esforço-me diariamente para tentar manter uma constância no devocional; separar um tempo de oração; manter-me ativa na minha comunidade local; lutar contra a timidez — que de vez em quando aparece — e testemunhar da minha fé; ser rápida em pedir perdão quando erro, admitindo que nem sempre estou certa; falar com mansidão quando estou prestes a explodir; manter meu quarto organizado, minhas tarefas domésticas em dia, meus compromissos alinhados e minha agenda atualizada para não me perder durante a semana... Dedico-me todos os dias para ser minha melhor versão.

Somos iguais.

Então, estando na mesma jornada que você, passando por desafios semelhantes, hoje, como amiga, quero compartilhar algumas dicas práticas (além das apresentadas em Provérbios 31) para que você dê os primeiros passos em direção à sua melhor versão à luz da Palavra.

Quero que este último capítulo (essa é a hora que você solta um "*aaaaaah*" bem triste — brincadeira) seja extremamente prático. Já aprendemos muito sobre Deus juntas nessas páginas; agora é hora de passar de fato o protetor solar, entendeu?

Minha amiga, se você busca por um *glow up* real, tanto interior quanto exterior, vai ser algo certeiro com esses passos. Então, pegue seu cházinho e abra seu coração para receber essas dicas.

- *Devocional*

Lembra que papeamos sobre passarmos a nos enxergar pelos olhos de Deus? Com a visão d'Ele? Pois bem, só conseguiremos esse feito se passarmos tempo buscando ler sobre o que Ele vê em nós, sobre quem somos na Sua ótica, que, diferente da nossa, não é embaçada, mas totalmente **nítida**.

Portanto, uma das maiores bençãos de passar tempo com Deus, para contemplar quem Ele é, consiste em nos tornamos cada vez mais parecidas com Ele. Ao contemplarmos nosso Senhor, somos moldadas à Sua própria imagem.

> *E todos nós, com o rosto descoberto, contemplando a glória do Senhor, somos transformados, de glória em glória, na sua própria imagem, como pelo Senhor, que é o Espírito.* (2 Coríntios 3.18)

Uma mulher que deseja se tornar sua melhor versão segundo a Palavra não negligencia seu tempo de secreto com o Pai. Poderia citar inúmeras bençãos de ter uma vida de devocional — é incrível. Ao ter Sua Palavra fresca em nós, somos fortalecidas para vencer diariamente as setas do Inimigo sem jamais

Uma mulher que deseja se tornar sua melhor versão segundo a Palavra não negligencia seu tempo de secreto com o Pai.

deixar que ele nos engane sobre nossa identidade. A seguinte frase do Billy Graham resume bem essa ideia: “Se você não encher a sua mente com a palavra de Deus, o inimigo vai te encher de medo, estresse, preocupação e tentação”.

> *Então não seremos mais imaturos como crianças, nem levados de um lado para outro, empurrados por qualquer vento de novos ensinamentos, e também não seremos influenciados quando nos tentarem enganar com mentiras astutas.* (Efésios 4.14-16 – NVT)

Além de estarmos munidas com a verdade, assim como nosso corpo físico necessita de alimento para se manter de pé em funcionamento, nosso espírito precisa de Deus. Necessitamos ser alimentadas com as coisas do Alto, com o Pão vivo que desceu do Céu, por meio de um tempo de secreto com nosso melhor amigo, Jesus.

> A Mesa do Senhor está posta. Sente-se. Reanime-se com a vida dele. Sacie-se com o amor dele. Raspe o prato e não deixe um farelo sequer. Carecemos do Pão do céu, pois ele é insubstituível.[1]

Lembre-se de que alguma coisa é melhor que nada; alguns minutos por dia dedicados à oração e à leitura da Palavra são, sim, muito eficientes, e você verá claramente seus frutos sendo gerados ao longo dos dias.

---

1 Jackie Hill Perry, *Despertar com Deus*, 2024.

- *Cuidado com o corpo*

Precisamos ser a melhor versão de nós mesmas não apenas espiritualmente, mas também fisicamente, e isso diz respeito tanto ao que ingerimos (como já conversamos no capítulo anterior), quanto ao cuidado que dedicamos ao manter em ordem o exterior: cabelos bem-lavados, *skincare* em dia, desodorante, treinos diários feitos, unhas bem-feitas...

Nesse sentido, deixo a seguir uma pequena *check-list* maravilhosa para ajudá-la:

- beba água (no mínimo, dois litros por dia);
- faça *skincare* (lave bem o rosto, passe hidratante e, após isso, aplique seu protetor solar);
- mantenha o cabelo limpinho e bem penteado (se não conseguir lavar a tempo de sair, aposte em penteados que o deixem, pelo menos, alinhadinho — super funciona);
- pratique exercícios físicos (ao menos trinta minutos por dia, três vezes por semana);
- cultive uma alimentação saudável e equilibrada ao longo da semana (preferindo os alimentos naturais aos artificiais: descascar mais, desembalar menos);
- tire o pijama e dê uma arrumadinha simples no visual, mesmo que para ficar em casa o dia todo (é constatado que somos muito mais produtivas quando estamos, pelo menos, um pouco mais arrumadas para viver o dia, além de nos

sentirmos muito melhor conosco quando nos olharmos no espelho).

Devemos lembrar que somos como mordomos do Senhor, a quem Ele confiou um corpo, que é d'Ele. Estamos somente encarregadas de cuidar dele da melhor forma durante nossos dias na Terra.

- *Boa administração do seu tempo*

Você se considera uma mulher organizada? A sua melhor versão, com certeza, deve se importar com uma boa administração do seu tempo.

> As maneiras muitas vezes invisíveis e não celebradas com que gastamos nosso tempo são o que nos formam.[2]

Para ser uma boa gerenciadora dos seus dias e priorizar o que deve ser priorizado, busque ser uma mulher que **se planeja**.

- Tenha uma agenda, ou um *planner,* ou use os lembretes do celular — o que melhor funcionar para você —, mas tenha um lugar para anotar seus compromissos (quanto mais detalhados, melhor).
- Planeje o dia seguinte na noite anterior.

---

[2] Tish H. Warren, *Liturgia do ordinário*, 2021, p. 19.

- Deixe a roupa da manhã seguinte já separada, para economizar tempo. E organize sua bolsa com o que precisará para o dia, se você usa uma.
- Acorde cedo.
- Priorize fazer antes o que já está na sua agenda.
- Tente manter seu ambiente de estudos ou trabalho organizado (você será muito mais produtiva).

Outra coisa que aprendi em uma das minhas leituras — e acho mais do que propício para compartilhar aqui com você — é a "pergunta da 'metade do tempo'", que basicamente consiste em questionar a si mesma: "Se minha vida dependesse de realizar essa tarefa na metade do tempo, que atalhos eu usaria?". Eu amei!

Por último, mas não menos importante, procure desenvolver uma rotina que realmente funcione para você. Ao realizar a mesma tarefa no mesmo horário todos os dias, será mais fácil conservar energia, gerando menos indecisão e procrastinação. Com o tempo, então, passamos a executar essas tarefas de forma quase que automática, e com mais praticidade e calma. Legal, né? A rotina é nossa amiga.

> A maior parte de nossos dias e, portanto, a maior parte de nossas vidas, são movidos por hábitos e rotina. Nossa maneira de estar no mundo penetra em nós por meio do ritual e da repetição. James K.A. Smith explica que uma visão particular da "vida boa" está enraizada em nós por meio de práticas repetitivas que motivam a forma como vivemos e o que amamos. Somos moldados todos os dias, quer

> saibamos ou não, por práticas — rituais e liturgias que nos tornam quem somos. Recebemos essas práticas — que muitas vezes são rotineiras — não apenas da igreja ou das Escrituras, mas também da cultura, do "ar ao nosso redor".[3]

É também por meio da rotina (hábitos e práticas) que somos moldadas na forma como vivemos nossos dias e em quem somos, além de expor quais são os nossos amores e com o que realmente nos importamos. O que sua rotina tem revelado sobre você hoje, amiga?

- *Conhecimento nunca é demais*

Buscar conhecimento nunca é demais. É impossível que, algum dia, saberemos tudo sobre todas as coisas. Ao mesmo tempo, isso é um pouco assustador, mas também é maravilhoso, não acha? Isso porque sempre teremos a oportunidade de aprender sobre o que ainda é desconhecido.

Alguns benefícios de estarmos constantemente buscando conhecimento, amiga:

- tira-nos da zona da ignorância e amplia nossa visão;
- torna-nos mais confiantes;
- faz de nós mulheres mais criativas;
- promove mais sabedoria e autoridade ao falar;
- torna-nos pessoas mais interessantes;

3 *Ibidem*, p. 16.

- possibilita crescimento na área dos conhecimentos que buscamos (espiritualmente, financeiramente, profissionalmente etc.).
-

Uma dica de amiga: se você ainda não possui esse hábito, comece a ler. Posso dizer que uns dos principais responsáveis pelo meu desenvolvimento em diversos âmbitos da minha vida nos últimos anos foram os livros; as ótimas leituras que colecionei, tanto da Bíblia, claro, quanto de obras de diferentes gêneros e assuntos. Busque ser uma mulher inteligente; estude tanto sobre o que gosta quanto o que não lhe agrada tanto.

Assim como já indiquei, no capítulo anterior, uma listinha de *podcasts* que gosto muito de consumir, agora quero sugerir algumas leituras que fiz ao longo dos anos e que sei que você também vai amar (e vai me agradecer depois).

Listinha de indicações de livros

- Uma mulher segundo coração de Deus — Elizabeth George
- Contentamento: um estudo para mulheres de todas as idades — Nancy Wilson
- Uma vida com propósitos (devocional) — Rick Warren
- Psicologia na prática — Alana Anijar
- O poder de orar e receber as bênçãos de Deus — Stormie Omartian
- Mulheres enraizadas (devocional) — Viviane Martinello

- Força e feminilidade — Rosana Salviano Salabai
- Devocionais de fogo (devocional) — Reinhard Bonnke
- As 5 linguagens do amor — Gary Chapman
- Deixe-me apresentar você — Talitha Pereira
- Desenvolvendo o secreto (devocional) — Várias autoras
- Diário devocional: uma caminhada de fé e criatividade — Várias autoras
- Deixe-me ser mulher — Elisabeth Elliot
- Mulheres improváveis — Viviane Martinello
- Mulheres sábias — Lydia Brownback
- A pirâmide da sabedoria — Brett McCracken
- Livre, leve e forte — Luiza Agreste Nazareth
- Como fazer amigos e influenciar pessoas — Dale Carnegie
- Roube como um artista — Austin Kleon

- *Frequentar uma igreja (mesmo que sozinha)*

Sei que muitos dizem que não é preciso frequentar uma comunidade local para se relacionar com Deus. Talvez porque foram machucados na igreja onde congregavam, muitos não veem mais sentido em fazer parte de uma. Seja qual for o cenário, contudo, preciso lembrar aqui de algo bíblico: você faz parte de um corpo e, como membro importante dele, não funcionará plenamente se não estiver conectada ao restante dos que o constituem. Juntos, todos formam o Corpo que é a Igreja de Cristo. O próprio apóstolo Paulo afirma em relação a isso:

> *Porque, assim como o corpo é um e tem muitos membros, e todos os membros, mesmo sendo muitos, constituem um só corpo, assim também é com respeito a Cristo. [...] O certo é que há muitos membros, mas um só corpo. Os olhos não podem dizer à mão: "Não precisamos de você." E a cabeça não pode dizer aos pés: "Não preciso de vocês." Pelo contrário, os membros do corpo que parecem ser mais fracos são necessários, e os que nos parecem menos dignos no corpo, a estes damos muito maior honra. Também os que em nós não são decorosos revestimos de especial honra, ao passo que os nossos membros nobres não têm necessidade disso. Contudo, Deus coordenou o corpo, concedendo muito mais honra àquilo que menos tinha, para que não haja divisão no corpo, mas para que os membros cooperem, com igual cuidado, em favor uns dos outros. De maneira que, se um membro sofre, todos sofrem com ele; e, se um deles é honrado, todos os outros se alegram com ele. Ora, vocês são o corpo de Cristo e, individualmente, membros desse corpo.* (1 Coríntios 12.12, 20-27)

Tcharãn! A vontade de Deus é que vivamos conectados uns aos outros, assim como os membros do corpo são conectados entre si. Todos são importantes para o bom funcionamento do corpo. Então, sim, minha amiga, viver em comunidade é precioso demais! Olha, além de ser importante, posso dar a você a certeza de que, ao conectar-se às outras pessoas, você encontrará amizades incríveis para uma vida toda, que vão proporcionar a você edificação, crescimento e impulso para o seu propósito na Terra. Foi assim comigo e, hoje, sinto prazer em estar reunida, culto após culto, célula após célula, com a Igreja de Cristo.

> Por isso precisamos estar conectadas no corpo, para sermos lembradas constantemente daquilo que já somos em Cristo. É por esta razão que os relacionamentos no corpo, com os irmãos, são tão importantes: porque eles transmitem vida. É assim que a vida de Cristo corre entre nós — nós recebemos, mas também transmitimos vida. Isso só é possível quando você está conectada no corpo.[4]

Quando estamos conectadas no Corpo, frequentando as comunhões, lembramos constantemente aquilo que já somos em Cristo, e é dessa forma que ficamos cada vez mais arraigadas à nossa identidade e fortalecidas na fé. Claro, nem sempre a vida da igreja é simples e fácil, isenta de problemas e de pessoas difíceis, mas é importante! Vale lembrar que foi pela Igreja que Jesus deu a Sua vida — e sim, nós fazemos parte dela, *girl*!

- *Cultivar amizades que a impulsionam*

Seu círculo social de fato diz muito sobre a sua identidade. Por isso, uma das coisas mais importantes que podemos fazer é cuidar das nossas amizades.

Você jamais conseguirá alcançar mais e mais sua melhor versão, viver seus sonhos e seu chamado, se as amizades que você cultiva fazem com que você caminhe para o lado contrário desse objetivo, concorda comigo?

[4] Pra. Márcia Silva, *Uma mulher feliz*, 2023.

Uma das coisas mais preciosas que Deus me deu foram minhas amizades. Lembro-me de inúmeros momentos — inúmeros mesmo — em que só precisei de uma simples palavra que me lembrasse das minhas promessas, do chamado de Deus para a minha vida, da minha identidade, e o Senhor usou meus amigos para reafirmarem cada uma dessas coisas.

Em meio às nossas reuniões tarde da noite, pós-culto de jovens — quando o Math e eu ainda éramos namorados —, enquanto um de nossos amigos tocava violão, os restos da pizza que tínhamos comido estavam em cima da mesa, sentia que minhas forças iam sendo recarregadas para viver mais uma semana. Sempre havia palavras de ânimo e incentivo. Uma das coisas que mais falávamos era a respeito do privilégio de ver todos crescendo e alcançando o que Deus já tinha designado para cada um. Sempre vibrávamos uns com os outros a cada pequena conquista.

Hoje, as reuniões não acontecem mais tarde da noite porque a maioria precisa trabalhar cedo (*haha*). Mesmo assim, sempre que nos reunimos, sentimos fluindo de Deus vida, e saímos muito melhores e mais felizes do que quando chegamos. É esse tipo de amizade que oro para que você encontre e tenha na sua vida caso ainda não possua, minha amiga.

Amizades que a impulsionem a viver uma versão sua cada dia melhor e mais imersa em Deus. Que se alegrem nos seus momentos felizes e chorem nos difíceis. Ter as amizades certas mudou a minha vida.

Tentar viver cada um desses tópicos, dia a dia, é o que tem possibilitado que eu seja minha melhor versão, e que alegria poder compartilhar esses primeiros passos tão preciosos com você, minha amiga! Dica boa não se guarda, não é? Oro para que, nesta jornada, você possa constantemente se olhar no espelho e perceber a beleza do que Deus tem feito na sua vida — o *glow up* que Ele tem lhe proporcionado.

Conclusão

Minha amiga, mais do que tudo, você precisa perseverar na caminhada, regada por autenticidade, e construir aos poucos sua melhor versão. Isso leva tempo!

É inevitável que, vez ou outra, fiquemos frustradas por começarmos algo sem vermos seu resultado no mesmo instante. Somos imediatistas e impacientes; temos preguiça de suportar os processos no meio do caminho, mas você precisa persistir. Perseverar sempre vale a pena; enquanto seguirmos firmes nunca nos decepcionaremos, ainda mais por confiarmos n'Ele.

> *Portanto, também nós, visto que temos a rodear-nos tão grande nuvem de testemunhas, livremo-nos de todo peso e do pecado que tão firmemente se apega a nós e* ***corramos com perseverança a carreira que nos está proposta****, olhando firmemente para o Autor e Consumador da fé, Jesus, o qual, em troca da alegria que lhe estava proposta, suportou a cruz, sem se importar com a vergonha, e agora está sentado à direita do trono de Deus. Portanto, pensem naquele que suportou tamanha oposição dos pecadores contra si mesmo, para que vocês não se cansem nem desanimem.* (Hebreus 12.1-3 – grifo nosso)

Corra com perseverança a corrida que lhe foi proposta, como já disse Paulo, sem olhar para trás, esquecendo-se do que já se passou:

> *Não estou dizendo que já obtive tudo isso, que já alcancei a perfeição. Mas* ***prossigo*** *a fim de conquistar essa perfeição para a qual Cristo Jesus me conquistou. Não, irmãos, não a alcancei, mas* ***concentro todos os meus esforços nisto: esquecendo-me do passado*** *e olhando para o que está adiante,* ***prossigo*** *para o final da corrida, a fim de receber o prêmio celestial para o qual Deus nos chama em Cristo Jesus.* (Filipenses 3.12-14 – grifo nosso)

Ter Jesus na "corrida" não quer dizer que não enfrentaremos dias difíceis, lutas, falhas, decepções ou imprevistos. Contudo, teremos a garantia de que, com Ele ao nosso ladinho, seremos capacitadas para passar por cada uma dessas situações e, por mais que não entendamos no momento, sabemos que tudo coopera para o nosso bem — não estamos mais sozinhas. Hoje, temos conosco — e em nós — Alguém que já passou por todas as dificuldades aqui na Terra e pode nos ajudar a passar pelas nossas. Ele estará comigo e com você.

Prossiga para o final da corrida, amiga! Pegue nas mãos de Jesus e se jogue nessa aventura!

Ok, preciso confessar que escrevo essas últimas linhas com lágrimas nos olhos e uma sensação inexplicável aqui dentro de mim.

Acredito piamente que não há satisfação maior que fazer a vontade de Deus e sei que escrever cada uma dessas páginas fazia parte dos planos que Ele tinha para mim. Podemos buscar contentamento em tantos lugares diferentes, mas Ele é — e sempre será — o único capaz de nos satisfazer plenamente.

Sinto meu coração quentinho e uma alegria imensa por ter me lançado de cabeça em algo tão novo para mim, uma jornada que eu não tinha ideia de que me lapidaria e me faria crescer tanto. Redigi essas páginas com todo amor para você, mas também as escrevi para mim. Fui ministrada a cada novo parágrafo. Ah, que tempo precioso tivemos juntas! Provavelmente, até acabei deixando meu chá esfriar de tão empolgada que estava em compartilhar tudo com você.

Com Ele ao nosso ladinho, seremos capacitadas para passar por cada uma dessas situações.

Lembro-me de ter dito, lá no comecinho, que meu desejo era que você não saísse a mesma de quando iniciou esse livro, e agora, ao final dele, minha amiga, espero que de fato consiga ver a si mesma a partir de uma nova perspectiva, enxergando uma nova mulher em si mesma.

Obrigada por se sentar e permitir que, de certo modo, eu entrasse em sua vida em meio à sua rotina, por meio das palavras que Deus colocou no meu coração; por ter aberto seu coração e ter sido vulnerável para que Ele fizesse um *check-up* e mudasse as coisas de lugar na sua vida.

Oro para que você desfrute diariamente da plenitude da sua singularidade, de quem Deus a criou e chamou para ser, porque não há nada mais lindo que isso. Que você não precise mais levantar armaduras diante de si, mas tenha a convicção de que **Ele é o único escudo** de que necessita, desde hoje e para sempre. Por fim, deixo com você um último lembrete de encorajamento:

> *Depois destes acontecimentos, a palavra do Senhor veio a Abrão, numa visão, dizendo: —* ***Não tenha medo****, Abrão,* ***eu sou o seu escudo****, e lhe darei uma grande recompensa.* (Gênesis 15.1 – grifo nosso)

Com amor,
Quézia

Desafio *prático*

Quero desafiá-la a definir metas bem específicas para a sua jornada e revisitar constantemente, por meio dessas anotações, seu processo. Combinado? Boa jornada, minha amiga!

Anotações

Anotações

Anotações

Anotações

Anotações

Anotações

Anotações

Este livro foi produzido em Eb Garamond Pro 12pt
e impresso pela Gráfica Promove sobre papel Pólen Natural 70g
para a Editora Quatro Ventos em abril de 2025.